KB193641

아름다운 것을 지키라

아름다운 것을 지키라

지은이 손윤탁
펴낸이 원성삼
표지디자인 강민주
펴낸곳 예영커뮤니케이션

초판 1쇄 발행 2022년 12월 12일

등록일 1992년 3월 1일 제2-1349호
주소 03128 서울시 종로구 대학로3길 29, 313호(연지동, 한국교회100주년기념관)
전화 02-766-8931
팩스 02-766-8934
이메일 jeyoung@chol.com

ISBN 979-11-89887-60-5 (03230)

본 저작물은 저작권법에 의하여 한국 내에서 보호를 받는 저작물이므로
무단 전재와 무단 복제를 금합니다.

값 15,000원

모든 인간은 하나님의 형상을 닮은 존귀한 존재입니다. 사람은 인종, 민족, 피부색,
문화, 언어에 관계없이 모두 다 존귀합니다. 예영커뮤니케이션은 이러한 정신에
근거해 모든 인간이 존귀한 삶을 사는 데 필요한 지식과 문화를 예수 그리스도의 사랑으로
보급함으로써 우리가 속한 사회에 기여하고자 합니다.

시처럼 읽는 목회서신
디모데전후서

손윤탁 지음

아름다운 것을 지키라

예영커뮤니케이션

시대가 변합니다.
엄청난 속도입니다.
코로나19라는 위기는
더 많은 변화를 가져왔습니다.

아무리 세상이 달라져도
지켜야 할 것은 지켜야 합니다.
하나님의 말씀이 영원하기 때문에
아름다운 전통은 지켜야만 합니다.

말씀은 읽고, 듣고, 지켜야 합니다(계 1:3).
제사도 중요하지만 순종이 귀합니다(삼상 15:22).
때가 가까울수록 더욱 그렇습니다.
말씀을 지켜 순종하는 자가 되어야 합니다.

"내가 속히 오리니

이 두루마리의 예언의 말씀을

지키는 자는

복이 있으리라."(계 22:7)

말씀을 준행하되

끝까지 변질시키지 말라는 뜻에서

가감하지 말라고 가르쳤습니다(계 22:18-19).

교회가 비난 받는 이유도 변질에 있습니다.

사랑하는 믿음의 아들 디모데에게

바울은 간절한 마음으로 권면한 말씀은

이 시대의 지도자들을 향한 외침입니다.

목회자들은 더더욱 귀담아 들어야 합니다.

"너는 그리스도 예수 안에 있는 믿음과 사랑으로써
내게 들은 바 바른 말을 본받아 지키고
우리 안에 거하시는 성령으로 말미암아
네게 부탁한 아름다운 것을 지키라."(딤후 1:13-14)

바울이 부탁한 아름다운 것!
믿음과 사랑으로 교훈한 말씀!
이를 본받아 지키기 위하여
디모데전·후서를 펼치려고 합니다.

가르치는 자리의 50년이었습니다.
학교에서는 무엇을 가르쳤고
강단에서는 어떤 설교를 했는지
되돌아보면 부끄러운 것밖에 없습니다.

되돌릴 수 없는 줄 알면서도
바울과 디모데의 사이를 비집고 들어갑니다.
그의 목회서신을 빌어
자신의 부족함을 다시 정리하려고 합니다.

2022년 가을
'남산 길 닭 울음소리'

손 윤 탁

차례

디모데전서

디모데후서

디모데전서

망령되고 허탄한 신화를 버리고 경건에 이르도록 네 자신을 연단하라
육체의 연단은 약간의 유익이 있으나 경건은 범사에 유익하니
금생과 내생에 약속이 있느니라

딤전 4:7~8

1

아버지와 우리의 주께로부터

우리 구주 하나님과 우리의 소망이신 그리스도 예수의 명령을 따라 그리스도 예수의 사도 된 바울은 믿음 안에서 참 아들 된 디모데에게 편지하노니 하나님 아버지와 그리스도 예수 우리 주께로부터 은혜와 긍휼과 평강이 네게 있을지어다

딤전 1:1-2

1.
아름다움의 근거 : 십자가로부터

아무리 예쁘고 아름다운 꽃이 있어도
내 손주들보다 내 자식보다 더 예쁠까?
그래서 어른들은 이야기했다.
"눈에 넣어도 아프지 않을 금쪽같은 내 새끼들!"

금쪽같은 독생자를 이 땅으로 보내시고
그것도 모자라 십자가 위에 내어놓으신 하나님은
죄 많은 우리 인생들을 불쌍히 여기시사
오직 믿음 하나만으로 자녀삼아 주셨다(요 1:12).

행여나 알지 못해 지옥 갈까 염려하시며
십자가의 진리를 깨닫게 하시려고 성령까지 보내셨다.
보혜사의 도움으로 믿음까지 고백함으로
하나님을 아빠(롬 8:15)라고 부를 수 있게 해 주셨다.

2.
아름다운 것 : 선악과가 아니다.

보시기에 아름다운 천지만물을 다 지으시고
자기의 형상대로 사람을 만드신 후에는
생육하고 번성하라. 온 땅에 충만하라!(창 1:28)
정복하고 다스리라 하시며 모든 복을 다 주셨다.

정말 아름다운 것이 무엇인지를 잊고
유혹에 넘어가 눈조차 어두워져 버렸다.
먹음직하다, 보암직하다, 탐스럽다고 하면서
결국은 넘어선 안될 선을 넘어버리고 말았다(창 3:22-24).

말씀을 거역하고 불순종하니
아뿔싸, 잃어버렸다. 거룩한 그 형상을!
그래도 주실 방법이 있으시다 하시더니
여인의 후손이신 예수 그리스도, 그가 바로 길이라.

아버지께 범죄하고, 아들까지 죽였으니
그 이름이 아니고는 살 길이 전혀 없다.
오직 한 길, 그 이름(시 8:9; 히 1:4)
그분만을 믿습니다.

3.
새로운 생명의 역사

새로운 생명이 주어졌다.
그리스도 예수, 우리 주로부터
그리고 만유의 주, 하나님 아버지로부터
은혜도 긍휼도, 평강까지도

그 이름으로 악한 궤계 물리치고
그 능력으로 질병과 고통을 다 이기게 하시니
그 지위가 더 아름다운 직분이 되고(히 8:6).
큰 담력(딤전 3:13)까지도 보장해 주셨다.

우리들에게도 주어진 이 직분!
감당하면 더 아름다운 지위가 주어지고(딤전 3:13)
면류관(딤후 4:8)까지도 예비해 두신다 하셨다.
신령한 형상(고전 15:49)까지도 약속해 주셨다.

광야에서 약속하신 아름다운 그 땅(민 14:7)이
젖과 꿀이 있는 가나안이었듯이
힘들고 어려운 고난의 길이 있다고 해도
장차 받을 영광(롬 8:18)과는 비교도 안 된다.

4.
아름다운 자의 사명

허락된 그 길은 오직 하나뿐이다.
길이요, 진리요, 생명이신 (요 14:6) 그분을 따라
지금도 달려간다. 영원한 본향으로!
복도, 은총도 그 길에서 받게 된다.

명령대로 순종하던 바울인지라
디모데를 아들삼아 편지하고 교훈하니
그분이 아니라면 아무것도 할 수 없다.
그 은혜에 힘입어 교훈하고 가르친다.

생명의 구원은 아름다운 일이기에
우리들도 나서야 한다. 지금이 그때다.
복음을 전하는 (왕하 7:9; 롬 10:15) 아름다운 발이 되어
때에 맞는 아름다운 말씀 (잠 15:23)을 힘을 다해 증거 하자.

아름다운 성전 돌 (눅 21:5)도 무너지는 날이 있다.
지금이 아니면 기회도 없어진다.
아름다운 덕을 선포 (벧전 2:9)하며 가야 한다.
목자들의 마음도 아름다운 양떼들의 것이다.

더 깊이 말씀을 묵상합니다.

🌿 성도 여러분!

하나님은 거룩하십니다. 더러운 것으로 가득 차 있는 마음으로 '성령 충만'할 수 있을까요? 자기욕심이나 인간적인 생각으로 가득 차 있다면 더욱 심각합니다. **주님 모실 자리를 준비**하는 자세가 필요합니다. 마음의 공간을 비우고, 사모하는 마음으로 기도합시다. 아름다운 삶의 시작은 말씀의 순종으로부터 시작하여야 합니다. 자신을 비우는 죄의 고백과 함께 회개의 기도가 필요합니다.

🌿 신학생 여러분!

나의 이 길은 누가 선택한 것일까요? 그분이 하나님이시라면 더더욱 순종하셔야 합니다. 평범한 길이 아니기에 좋은 지도자가 필요합니다. 디모데에게 바울과 같은 스승이, 바울에게는 바나바와 같은 동역자가 있었습니다. 당연히 주께서 인도하시지만 나에게도 바울과 같은 스승이나 바나바와 같은 안내자가 필요하다는 사실을 인정하시고, **영적으로 좋은 스승**을 만나도록 기도하시기 바랍니다.

🌿 목회자들에게!

종에게는 낯짝이 없습니다. 권위도 명예도 다 주인의 것입니다. 말씀도 교훈도 직분도 모두 아버지로부터 주어진 것입니다. 인간적인 생각과 방법에 익숙해져 있는 성도들이기에 목회자들에 대한 오해는 부득이합니다. 주님의 양떼들(렘 13:20)인지라 주님의 방법대로 보살펴야 합니다. 변명이나 핑계보다는 그분의 음성에 귀를 기울이되, 존귀와 영광은 오직 그분에게만 돌려야 합니다.

함께 기도합시다.

거룩한 삶으로 회복하게 하소서!

1. 거룩한 형상, 우리들이 잃어버린 하나님의 형상을
   그리스도를 믿는 온전한 믿음으로 회복하게 하소서!
2. 이 일을 위하여 우리의 죄를 자복하게 하시고
   깨끗하고 정결한 마음으로 말씀을 받아들이게 하소서!
3. 성령께서 부탁하신 아름다운 말씀들을 지킴으로
   성도로서 거룩한 삶을 살기에 부족함이 없게 하소서!

세상에 본이 되는 가정과 교회, 성도들이 되게 하소서!

1. 탐스러운 세상 유혹에 빠지지 않도록
   우리 자녀들과 가족들, 교회, 성도들을 지켜주소서!
2. 생육하고 번성하는 믿음의 가정들이 되게 하시고
   질병과 가난과 모든 고통으로부터 자유하게 하소서!
3. 기쁨과 웃음 가득한 복된 가정과 교회가 되어
   누구든지 부러워하며 주를 믿고 구원받게 하소서!

때가 되었습니다. 열방을 구원하여 주시옵소서!

1. 온갖 질병과 환난으로 종말의 징조가 나타나는 이때
   아름다운 복음이 속히 땅 끝까지 전파되게 하소서!
2. 이 나라의 정치, 경제, 사회가 속히 안정되어
   부족함이 없는 선교의 종주국이 되도록 허락하소서!
3. 어려운 때에 주의 복음을 위해 헌신하는 종들과
   이국땅에서 수고하시는 선교사님들을 도와주소서!

2

바른 교훈의 목적

내가 마게도냐로 갈 때에 너를 권하여 에베소에 머물라 한 것은 어떤 사람들을 명하여 다른 교훈을 가르치지 말며 신화와 끝없는 족보에 몰두하지 말게 하려 함이라 이런 것은 믿음 안에 있는 하나님의 경륜을 이룸보다 도리어 변론을 내는 것이라 이 교훈의 목적은 청결한 마음과 선한 양심과 거짓이 없는 믿음에서 나오는 사랑이거늘 사람들이 이에서 벗어나 헛된 말에 빠져 율법의 선생이 되려 하나 자기가 말하는 것이나 자기가 확증하는 것도 깨닫지 못하는도다

딤전 1:3-7

1.
믿음 안에서 참 아들 된 디모데에게

스승 바울이 편지를 썼다.
목회자요, 제자인 디모데에게!
엄마는 유대인, 아빠는 헬라인(행 16:1).
2차 전도여행 중 믿음 안에서 만난 아들이다.

온갖 고난과 경험을 함께 겪었다.
세례도 베풀고
두란노서원에서 말씀을 강론하고
마술사들의 책들을 불사르기도 하였다(행 19:1-20).

바울을 통하여 디모데를 부르신 하나님은
바울을 통하여 배우게 하심으로 제자 되게 하시고
사제동행(師弟同行)의 경험으로 목회를 알게 하시고
결국은 아들이라 부르는 자리까지 이르렀다.

2.
디모데를 에베소에 남긴 이유는?

에베소에 남겨 두고 스승은 떠났다.
'아데미'를 외치는 무리들의 소요로
부득이 마게도냐로 떠나야만 했지만(행 20:1)
제자에 대한 사랑이 특심하였다(행 20:31).

문제가 많은 도시를 제자에게 맡겼으니
어쩌면 훈련과 경험일 수도 있었으나
오히려 디모데가 믿음직스러워
어려운 이 일을 물려주었는지도 모른다.

하나님의 마음과 같았던 바울인지라
에베소를 향한 열정을 부인할 수 없지만
언제나 일꾼은 내가 원하는 곳이 아니라
나를 필요로 하는 곳으로 가야한다는 교훈이다.

그들이 2천년 이후의 일들을 어찌 알 수 있었으랴만
에베소의 상황은 오늘, 이 시대의 이야기다.
그래서 디모데에게 부탁하는 내용을 살펴보면
'목회서신'이라 부르는 이유가 분명하게 드러난다.

3.
에베소의 상황은?

유대주의적 영지주의가 설치고 있고
거짓교사와 혼합주의가 기승을 부린다.
미리부터 바울도 장로들에게 지적한다(행 20:29-30).
양 떼를 어지럽힐 이리 떼들에 대한 교훈이다.

전혀 다른 교훈을 따르는 자들과
신화와 족보에 몰두하는 이들이 너무 많아
믿음으로 따르지 않고 주의 경륜을 부인하니
어리석은 변론으로 현혹하는 자들이 더 많아졌다.

믿음에서 벗어나고 헛된 말에 빠져서
저마다 율법으로 가르치려다 보니
교사들마저 스스로 확증한다고 하면서도
자신의 말도 알지 못하고 떠드는 일이 많았다.

율법도 하나님이 주신 것이라
적법하게 쓴다면 반드시 필요한데
하나님께서 주신 목적은 잊어버리고
자기 소견에 옳은 대로 사용하더라.

4.
이 시대의 디모데가 되어야 합니다.

이 자리에 내가 지금 서 있음은
예수 그리스도의 복음과 구원이 목적이지만
다른 교훈으로 가르치려 생각한다면
결국은 시끄러운 변론만 일으킬 뿐이라.

스승은 제자에게 간곡하게 부탁한다.
오직 청결한 마음과 선한 양심에
거짓이 없는 믿음으로 사랑을 실천하고
하나님의 영광을 위해 복음의 길 가르치라.

율법으로 말미암아 죄를 아나니(롬 7:7)
그리스도께 인도하는 율법이야 말로(갈 3:24)
올바른 깨달음을 주는 좋은 방법인즉
적법하게 가르쳐서 선한 열매를 보게 하라.

종말의 때가 다가올수록 더욱 그렇다.
바른 교훈도 변질되어 가는 때인지라
허탄한 이야기를 따르는 무리를
바르게 인도하는 디모데가 되자.

더 깊이 말씀을 묵상합니다.

성도 여러분!

복음은 단순합니다. **죄는 내가 지었는데 벌은 예수님이 받으셨습니다.** 다른 복음은 없습니다. 이 사실을 믿고 예수님을 나의 주로 믿고 고백합시다. 그리고 그분을 내 마음에 모셔야 합니다. 그리고 나의 모든 일을 맡겨야 합니다. 머리로 깨달아 알고, 마음으로 그분을 깨달아 영접하며, 나의 손발을 그분에게 맡기고 의탁함으로 일하는 성도가 되어야 합니다.

신학생 여러분!

하나님의 일은 하나님께서 하십니다. 다만 하나님은 그의 택한 자들을 불러 사용하실 뿐입니다. **내가 원하는 곳이 아니라** 하나님께서 필요로 하시는 곳으로! 그래서 하나님께서 사용하시기에 적합한 사람들이 되어야 합니다. 이새의 아들 다윗처럼 하나님 마음에 꼭 맞는 사람이 되어야 하며(행 13:22), 바울이 믿고 맡길 수 있는 디모데처럼 준비하는 사람이 되어야 합니다.

목회자들에게!

설교란? 성경말씀을 쉽게 풀이하는 것입니다. 성경을 읽을 때에는 알아듣겠는데, 설교가 시작되면 오히려 이해할 수 없는 이유가 무엇 때문일까요? 잡다한 이론들이 자신도 알아듣지 못하는 변론이 된다는 사실을 기억하고, 지식이나 경험이 복음을 이해하는 데 방해가 되지 않게 하여야 합니다. 청결한 마음과 선한 양심과 거짓이 없는 믿음에서 나오는 사랑의 말씀을 기대합니다.

함께 기도합시다.

🌿 저희들도 머물며 기도하게 하소서!

1. 성령이 임하기까지 다락방에 머물며 기도했던 그들처럼
   환난 중에 더 큰 은혜를 사모하며 기도하게 하소서!
2. 디모데가 순종하며 에베소에 머물렀던 것처럼
   저희들도 말씀으로 무장하며 때를 기다리게 하소서!
3. 어려운 중에도 주신 사명이 있습니다.
   주님의 아름다운 사역들을 더 잘 감당하게 하소서!

🌿 어지러운 세상을 위하여 기도합니다.

1. 이 땅에 그릇된 교훈, 잘못된 가르침이 사라지고
   이 땅에 주의 복음으로 편만한 세상이 오게 하소서!
2. 교회 안에서도 덧없는 신화나 족보에 몰두하는 일이
   사라지게 하시고, 변론이나 다툼이 사라지게 하소서!
3. 율법적인 눈으로 교회를 평가하는 일이 없게 하시고
   세상에서도 자비와 관용이 넘치는 사회가 되게 하소서!

🌿 우리 교회와 한국 교회의 미래를 위하여 기도합니다.

1. 추락하던 교회의 신뢰도가 다시 회복되게 하시고
   세상의 빛과 소금이 되기에 부족함이 없게 하소서!
2. 마음이 청결하고 선한 양심과 거짓이 없는 믿음으로
   살아가는 성도들이 되어 세상에 모범이 되게 하소서!
3. 바른 교훈으로 자라는 다음 세대를 통하여 꿈과
   소망이 넘치는 모든 교회들이 되게 하여 주옵소서!

3

율법의 역할

율법의 선생이 되려 하나 자기가 말하는 것이나 자기가 확증하는 것도 깨닫지 못하는도다 그러나 율법은 사람이 그것을 적법하게만 쓰면 선한 것임을 우리는 아노라 알 것은 이것이니 율법은 옳은 사람을 위하여 세운 것이 아니요 오직 불법한 자와 복종하지 아니하는 자와 경건하지 아니한 자와 죄인과 거룩하지 아니한 자와 망령된 자와 아버지를 죽이는 자와 어머니를 죽이는 자와 살인하는 자며 음행하는 자와 남색 하는 자와 인신매매를 하는 자와 거짓말하는 자와 거짓 맹세하는 자와 기타 바른 교훈을 거스르는 자를 위함이니 이 교훈은 내게 맡기신 바 복되신 하나님의 영광의 복음을 따름이니라

딤전 1:7–11

1.
율법이 교사다.

그 앞에서 선생이 될 수 없다.
순종하고 따르는 실천자가 되어야 한다.
적어도 말씀 앞에서는…
더구나 율법 앞에서는…

말씀하시는 대로 따르고
깨닫는 대로 행하여야 한다.
배운 자의 문제점을 아는가?
순종보다 먼저 자꾸 가르치려고만 한다.

율법 자체가 선생이다.
구원의 길로 나아가게 빛을 밝히며
가르치고 깨닫게 하는 선생이시니
우리는 배우고 깨달아서 따라야 한다.

2.
법은 적법하게

법이므로 적법해야 하고
율법이므로 선하게 사용되어야 한다.
보약도 약으로 잘 써야지
잘못 쓰면 독이 되고 극약이 된다.

옳은 사람을 위한 율법이 아니라 하나
그래도 우리를 위하여 주신 율법이라
바르게 사용하면 좋은 열매 맺게 하나니
아름다운 길잡이가 되기 때문이라.

복음으로 안내하는 인도자가 되어
믿음으로 의롭게 됨을 가르쳐 주는 율법인지라
바울은 갈라디아 성도들에게 이렇게 소개하더라.
"그리스도께로 인도하는 초등교사"(갈 3:24)라고.

선한 길로 나아가는 힘이 법이다.
법 없이도 살 수 있다고는 말들 하지만
"의인은 없나니 하나도 없다."(롬 3:10; 시 14:3)
누구나 이 거울로 자신을 보자!

3.
불법한 자를 위한 율법

옳은 사람들을 위하여 세운 것이 아닌 것이라면
돌아오게 하고, 깨닫도록 하려는 목적이란 말이다.
그러므로 더더욱 알아야만 한다.
모든 민족들과 열방의 온 백성들이…

회개하고 돌아서면 복음이 되지만
귀를 막고 거역하면 심판이 된다.
그래도 하나님은 기다리신다.
율법으로 깨우침을 받고 돌아서기를…

네 가지(四)가 아니면(非) 죄(罪)라고 하더라.
불신(不信), 불법(不法), 불의(不義), 불선(不善).
해당되지 않는 죄가 어디 있겠냐만
무섭게 줄줄이 지적하는 죄의 목록들(엡 1:9-10)!

불법, 불순종, 불경건,
속되고, 망령되고, 살인하고,
불효와 음행과 인신매매와
거짓과 바른 교훈을 거스르는 일들이다.

4.
그러므로 영적인 지도자들은

바르게 실천하고 지킴으로써
모범적인 삶으로 보여주어야 한다.
우리에게 직분을 허락하신 것은
영적 지도자의 모델이어야 하기 때문이다.

교훈의 핵심은 복음이다.
자기 소견도 아니고, 인격이나 지식도 아니다.
율법이 가지는 바른 의미는
오로지 복음으로 향하는 첩경이기 때문이다.

복되신 하나님의 영광의 복음!
율법이라는 거울 속에 나타난 내 모습을 보고
구원과 영생의 길
은혜의 길로 돌아서게 하는 일이 율법의 역할이다.

바리새인처럼 타인을 비추어보려는 이들이 있다.
남의 약점과 흠을 책잡으려고 사용하는 거울이다.
세상에서는 그것을 '내로남불'이라고 하던가?
"내가 하면 로맨스, 남이 하면 불륜"이라는 뜻이란다.

더 깊이 말씀을 묵상합니다.

성도 여러분!

단순한 복음과 달리 율법은 우리 자신을 돌아보게 합니다. 복음은 믿고 따르면 되지만 율법은 우리들이 지켜야 할 법과 도리를 이야기합니다. 주눅 들지 마십시오. 어느 누구도 율법 앞에 완전한 자는 없습니다. **율법은 거울과 같습니다.** 나의 부족함을 깨닫게 하며, 내 힘으로 안 되는 것이 있음을 인정하게 합니다. 그래서 주님을 영접하며, 그분에게 모든 일을 맡기게 하는 거울입니다.

신학생 여러분!

율법주의자, 바리새인, 서기관들은 스스로 교사로 자처하는 회당 중심의 지도자들입니다. 제사장들, 사두개인들은 성전 중심의 권위주의자들입니다. 율법도 지켜야 하고, 제사도 드려야 하지만 주님은 스스로 십자가를 지셨습니다. **바른 지도자는 정죄하기보다 감당하는 자가 되어야 합니다.** 말씀의 거울로 타인을 비추려고 해서는 안 됩니다. 모범적인 지도자는 자신을 먼저 성찰하는 사람입니다.

목회자들에게!

목회자는 교사입니다. ① 잘 가르치는 교사 ② 감동을 주는 교사 ③ 모범이 되는 교사여야 합니다. 단순한 복음을 복잡하게 가르치는 일이 없어야 합니다. 복음은 지정의(知情意)라는 전인적인 고백을 요구합니다. 예수가 그리스도이심을 입으로 시인하고(머리), 마음에 영접하므로(가슴), 전적으로 모든 일을 그분의 뜻에 의탁(손발)하므로 실제적인 삶으로 본을 보이는 목회자가 되어야 합니다.

함께 기도합시다.

🌿 우리에게 율법을 주셔서 감사합니다.

1. 주님 앞에 설 때마다 부끄러움을 느낍니다.
   불러 주셨으니 먼저 우리의 허물과 죄를 용서하소서.
2. 언제나 주의 율법과 계명을 기억하고 비추어봄으로
   스스로 자신을 정결하게 하는 저희들이 되게 하소서.
3. 남을 정죄하거나 원망하거나 탓하지 말게 하시고
   부족함을 느낄수록 더욱더 주님을 의지하게 하옵소서!

🌿 복음을 믿고 주와 함께 승리하게 하소서!

1. 힘들고 어려운 세상입니다.
   함께 하시는 주님의 이름으로 늘 승리하게 하소서!
2. 모든 질병과 악한 세력들이 물러가게 하시고
   나사렛 예수의 이름으로 치유되게 하옵소서!
3. 거짓과 음란, 부정과 불의가 판을 치는 세상에서도
   믿음의 자녀들과 후손들이 건강하게 자라게 하소서!

🌿 말씀과 하나 된 모범이 되는 성도가 되게 하소서.

1. 세상으로부터 비난받고 있는 주님의 몸 된 교회가
   건전하게 성장함으로 다시금 신뢰를 회복하게 하소서!
2. 교회와 세상에서 활동하는 모든 믿음의 지도자들이
   모범적인 삶을 통하여 칭찬받고 인정받게 하소서!
3. 말씀을 믿고 주시는 능력에 힘입어 성도들의 삶과
   운영하는 기업과 직장들이 크게 성장 부흥하게 하소서!

4

큰 긍휼을 입었으니

나를 능하게 하신 그리스도 예수 우리 주께 내가 감사함은 나를 충성되이 여겨 내게 직분을 맡기심이니 내가 전에는 비방자요 박해자요 폭행자였으나 도리어 긍휼을 입은 것은 내가 믿지 아니할 때에 알지 못하고 행하였음이라 우리 주의 은혜가 그리스도 예수 안에 있는 믿음과 사랑과 함께 넘치도록 풍성하였도다 미쁘다 모든 사람이 받을 만한 이 말이여 그리스도 예수께서 죄인을 구원하시려고 세상에 임하셨다 하였도다 죄인 중에 내가 괴수니라 그러나 내가 긍휼을 입은 까닭은 예수 그리스도께서 내게 먼저 일체 오래 참으심을 보이사 후에 주를 믿어 영생 얻는 자들에게 본이 되게 하려 하심이라 영원하신 왕 곧 썩지 아니하고 보이지 아니하고 홀로 하나이신 하나님께 존귀와 영광이 영원무궁하도록 있을지어다 아멘

딤전 1:12–17

1.
긍휼과 사랑

사랑을 배웠다.
"서로 사랑하라. 내가 너희를 사랑한 것 같이
너희도 서로 사랑하라."(요 13:34)
그래서 기독교를 사랑의 종교라고 한다.

오래 참고, 온유하고, 시기하지 아니하며,
자랑하지 아니하며, 교만하지 아니하며… (고전 13:4)
에로스(성적 사랑), 필리아(우정), 스톨게(친족 사랑)!
그중에서도 아가페(하나님의 사랑)를 이야기해 왔다.

그러나 자연스러운 그분의 파격적 사랑을
애정과 호의, 인애와 자비, 용서와 은혜로 표기했으나
안타깝다, 그 크고 놀라우신 주의 은총을
'긍휼'이라는 단어로 밖에 표현할 수 없다는 것이…

2.
내가 큰 긍휼을 입었으니

바울은 스스로 제자 앞에 고백한다.
"내가 전에는 비방자요, 박해자요, 폭행자였으나"
내가 도리어 큰 긍휼을 입은 자가 되었다고(딤전 1:13).
내가 믿지 아니할 그때에 알지 못하고 행하였다고!

'죄인 중에도 괴수'였던 그를 선택하여 구원하셨고
영광스런 직분을 맡겨 주셨고
일을 감당할 수 있는 은혜까지 주셨으니
그 사랑에 대하여 무엇으로 응답할꼬?

180도의 전환!
"교회를 잔멸(殘滅)할 새 각 집에 들어가
남녀를 끌어다가 옥에 넘기던"(행 8:3) 사울이
십자가와 부활을 증거 하는 사도 바울이 되었다.

단순한 선택과 구원도 넘치는 복이지만
아름다운 직분과 능력을 주심도 큰 사랑이지만
주께서 먼저 '일체 오래 참으심'을 보여주심으로
영생 얻는 자들의 본이 되는 바울로 삼아주셨다.

3.
더욱더 풍성하여 넘치게 하시니

스스로 한계를 정하지 말자!
주님의 사랑은 끝이 없단다.
하나님과 나만이 아는 그 사랑을
어찌 다 말로서 표현할 수 있으랴?

선택, 구원, 직분에 만족하지 말자!
능하게 하시는 그리스도 예수 우리 주님!
거기에다 충성되이 여기심은 인정하심이라
주께 인정받는 그 사람이 큰 복을 받는 자라.

계속 고백하며 감사하는 바울에게
우리 주의 은혜가 그리스도 예수 안에서
믿음과 사랑으로 더 넘치며 풍성하게 나타나게 되니
뒤를 돌아볼수록 더욱더 감격이다.

"우리가 다 그의 충만한 데서 받으니
은혜 위에 은혜러라."(요 1:16)
감사하는 자에게 더 큰 감사의 제목들을 주시고
능력을 행하는 자에게 더 큰 능력을 주시더라.

4.

누구나 받을만한 그 은총

바울에게만 주신 능력이 아니었지만
디모데에게 그치는 은총도 아니었다.
내가 긍휼을 입은 까닭은?
본을 보인 그들을 뒤를 따르게 하기 위함이라.

먼저 예수님이 바울에게 본을 보이셨고
바울은 디모데에게 교훈을 하면서
"주를 믿어 영생을 얻는 자들에게"라 하심은
우리도 세상에서 모범되라고 모두에게 명한 것이니

이제 남은 것은 모두 우리들의 몫이라.
영생을 얻어 하나님의 자녀가 되었고
아름다운 직분까지 가진 성도들이 되었으니
이 사명 감당할 수 있는 능력까지 주신다(빌 4:13).

그래서 우리들도 하나님을 찬양한다.
"영원하신 왕,
썩지 아니하고 홀로 하나이신 하나님께
존귀와 영광이 영원무궁하도록 있을지어다. 아멘!"

더 깊이 말씀을 묵상합니다.

🌿 성도 여러분!

믿음으로 자녀가 된 우리들입니다. 돌이켜 보면 감사할 것밖에 없습니다. 촛불 보고 감사하면 전등불을 주시고, 달빛 보고 감사하면 햇빛 주신다(스펄전)는 고백처럼, 주어진 일에 대해서도 감사함으로 감당하면 더 크고 놀라운 은혜를 주시는 하나님이십니다. **감사는 더 큰 감사를 낳습니다.** 우리에게 직분을 주신 목적은 더 큰 긍휼을 베푸시기 위함입니다. 그의 긍휼하심에 힘입어 감사하는 성도들이 되시기 바랍니다.

🌿 신학생 여러분!

새로운 길을 가고 있다고 생각하지만 "해 아래 새 것은 없습니다."(전 1:9). '죄인 중에 괴수'(딤전 1:15)였으나 '먼저 일체 참으심으로'(딤전 1:16) 본을 보이신 주님을 따라 간 바울입니다. 디모데가 그 길을 따랐고 믿음의 선진들이 그 길을 따랐습니다. **실수가 있고, 실패가 있어도** "온전히 구비하여 조금도 부족함이 없는"(약 1:4) 지도자의 길을 걷기 위해서는 선배들의 교훈을 가벼이 여기는 일이 없어야 합니다.

🌿 목회자들에게!

비방자나 박해자, 폭행자가 아니었어도 '긍휼을 입은 까닭'을 생각해 봅시다. 우릿간에 있는 양들이 염소나 이리처럼 보일 때도 있겠지만 저주하지 맙시다. 그들이 받을 저주가 있다면 내가 감당하겠노라 고백해서야 합니다. 바울처럼 변화되면 가장 큰 동역자가 될 수도 있는 그들을 위해 우리들도 주님처럼 오래 참아야 합니다. 축복하는 자에게 복을 주시지만 저주하는 자는 저주를 받을 수 있습니다(창 12:3). 목회자에게는 저주가 용납되지 않습니다. **목회자의 자리는 축복하는 자리입니다.**

함께 기도합시다.

회개하고 감사하오니 자비와 긍휼을 베푸시옵소서!

1. 연약하여 유혹에 넘어가며 쓰러지기 쉽습니다.
   돌이키며 회개합니다. 긍휼과 자비를 베푸시옵소서!
2. 더 큰 은총을 주시기 위하여 직분 주심을 감사합니다.
   잘 감당하게 할 수 있도록 힘과 능력을 더하여 주소서!
3. 모범을 보이신 주님의 본을 따라 살기를 원합니다.
   성경을 읽고, 듣고, 깨달아 말씀과 함께 살게 하소서!

가정과 가족과 성도들을 위하여 기도합니다.

1. 주님을 사랑하는 우리 가족들이 되기를 원합니다.
   가정마다 어린 자녀들 지켜주시고 우환질고가 없게 하소서!
2. 건강한 몸과 마음으로 주님을 섬기려고 합니다.
   마음의 상처를 치유하시고 모든 질병을 고쳐주소서!
3. 어려운 코로나19의 위기가 기회가 되기를 원합니다.
   우리교회 성도들의 신앙과 삶을 회복시켜 주소서!

마지막 때입니다. 나라와 민족을 위해 기도합니다.

1. 먼저 성도들이 나라와 민족을 위해 기도하게 하시고
   이 나라 각계 지도자들이 하나님을 두려워하게 하소서.
2. 불평과 불만, 원망보다는 감사와 찬송을 주께 드림으로
   은혜 위에 은혜, 능력 위에 능력을 받게 하소서!
3. 그날이 가까울수록 주께로 나오는 자가 많아지게 하시고
   땅끝까지 복음이 증거되어 이 땅에 사랑이 충만하게 하소서!

5

믿음과 착한 양심으로

아들 디모데야 내가 네게 이 교훈으로써 명하노니 전에 너를 지도한 예언을 따라 그것으로 선한 싸움을 싸우며 믿음과 착한 양심을 가지라 어떤 이들은 이 양심을 버렸고 그 믿음에 관하여는 파선하였느니라 그 가운데 후메내오와 알렉산더가 있으니 내가 사탄에게 내준 것은 그들로 훈계를 받아 신성을 모독하지 못하게 하려 함이라

딤전 1:18-20

1.
선한 싸움

"인생은 전쟁이다."
그래서 로버트 그린은 『전쟁의 기술』에서
승리하는 비즈니스와 인생을 위한 전략을
33가지나 소개한다(웅진지식하우스, 2007).

『세상의 모든 전략은 전쟁에서 탄생했다』라는 도서는
'3040을 위한 인생 전략 특강'이라는 부제와 함께
25개의 전쟁사를 소개하더라(임용한, 교보문고, 2012).
전쟁에서 삶의 지혜를 배운다고 하면서.

선한 싸움은 이들과 사뭇 다르니
영적인 전쟁은 육신적 다툼과는 구별되기 때문이라.
손익(損益)이나 혈육이 아닌 사단이 주적이라
선악간의 문제보다는 거룩함(聖戰)을 이야기한다.

2.
너를 지도한 예언에 따라

"아들 디모데야!
내가 네게 이 교훈으로써 명하노니
전에 너를 지도한 예언을 따라
그것으로 선한 싸움을 싸우며"(딤전 1:18)

어떤 교훈인지 구체적으로 말하지 않고
지도한 예언에 대한 언급이 없어도
'이 교훈'과 '그것으로써' 싸워라 명하지만
그의 가르침과 명령이라면 언제나 분명한 기록이 있다.

"예수는 그리스도"라는 바울의 선포와
"복되신 하나님의 영광의 복음을 따름"이라고
너무나 분명하게 선언(딤전 1:11)하였기에
아마 안수식 때 예언(딤전 4:14)도 같은 내용일 것이다.

혈육을 상대하는 전쟁이 아니요.
하나님의 영광과 그의 뜻을 위한 싸움이기에
살육이나 생명을 해하는 전쟁이 아니므로
성령의 권능에 힘입어서 복음만을 굳게 의지해야 한다.

3.
믿음과 착한 양심으로

세상의 전쟁은 보이는 적만 사살하면 되지만
영적인 전쟁은 보이지 않는 적을 상대하는 싸움이다.
믿음으로! 그것도 양심으로 싸우는 전쟁이므로
자신의 고집이나 인간의 뜻을 내세워서는 안 된다.

세상의 부모들은 싸움을 말리는 게 정상이지만
바울은 아들 디모데에게 오히려 싸움을 독려하고 있다.
더구나 소개하는 무기를 보면 도무지 이해가 되지 않는다.
"믿음과 착한 양심을 가지라"(딤전 1:19).

모압과 암몬이 마온 사람들과 여호사밧을 치려할 때도
노래하는 찬양대가 선봉이었다(대하 20:1-30).
믿음을 저버리고 착한 양심을 무시한 전쟁이라면
이미 패전이요, 출발하기 전에 파선한 군함과 같다.

믿음은 고귀한 향유와 같고
착한 양심은 그것을 담은 유리그릇과 같다(Bengel).
중세의 기사들은 ① 교회와 ② 국왕 앞에서 다짐했다.
③ 약자보호와 정의실현으로 충성을 다하겠노라고…

4.
신성을 모독하지 않도록

주께서 승리하신 놀라운 비결은
엄청난 고통을 겪으면서도 죄인들을 위하여 간구하시되
"아버지여 저들을 용서하소서!"
마지막 순간까지도 그 거룩하신 영광을 지키셨다.

후메내오나 알렉산더도 배신하고 싶지는 않았겠지만
누구든 경건에서 점점 멀어지게 되면(딤후 2:16)
결국 부활까지 부인하는 자리에 이르고(딤후 2:17-18)
후메내오나 알렉산더처럼 방해꾼(딤후 4:14)이 된다.

그래도 교회에서 권징이 있으므로
세상에서도 교회의 거룩함을 지켜야 하지만
영원한 그 나라가 궁극적이기에
중요한 목적은 믿음과 양심을 회복하는 것이라.

내쫓긴 무리에게도 희망이 있다(딤전 1:20).
그들도 훈계를 받아 신성을 모독하지 않게 함이라.
미리부터 하나님의 전신갑주(엡 6:10-17)를 취했더라면
승승장구 승리만을 노래하게 되었을 것을!

더 깊이 말씀을 묵상합니다.

🌿 성도 여러분!

은근슬쩍 접근한 사단은 친한 척 속삭입니다. "하나님이 참으로 너희에게 동산 모든 나무의 열매를 먹지 말라 하시더냐?"(창 3:1) 자기도 모르게 유혹에 넘어갑니다. 누구든지 그리스도 안에 있으면 사울이 회심하듯 변화될 수 있지만, 믿음과 착한 양심으로 무장하지 아니하면 **누구든지 넘어질 수 있습니다.** 그래서 하나님의 전신갑주가 필요하고, 늘 깨어 기도해야 하며, 십자가만을 바라보고 나아가야 합니다.

🌿 신학생 여러분!

먼저 **자신과의 싸움에서 이겨야** 합니다. 자기 고집이나 욕심도 버려야 하지만 내 힘으로 무엇인가를 할 수 있다는 자만심도 버려야 합니다. 사람들은 저마다의 달란트가 있습니다. 분야에 따라서 탁월한 재주와 능력을 가진 이들이 적지 않습니다. 그들을 꺾으려 한다거나 지배하려고 하는 생각을 버려야 합니다. 오히려 그들과 동역하기 위해서라도 좋은 인간관계를 맺고, 유지하는 능력을 가져야합니다. 그래서 더더욱 자신을 다스리는 훈련이 필요한 것입니다.

🌿 목회자들에게!

부부싸움에서 이긴 자만큼 어리석은 사람이 없습니다. 목회자에게 성도는 싸움의 상대가 아니라 사랑의 대상입니다. 우리의 전쟁에서 나 홀로의 승리는 의미가 없습니다. "뭉치면 살고 흩어지면 죽는다"는 논리는 하나 되기를 원하신 주님의 마지막 기도(요 17장)와 일치합니다. 성도들과의 하나 됨이 승리의 비결입니다. **백전백패 백화백승(百戰百敗 百和百勝)**의 교훈이 목회자로서의 지도력임을 잊지 맙시다.

함께 기도합시다.

❧ 언제나 명절 같은 날이 되도록 성도들을 위하여

1. 연약하여 유혹에 넘어가며 쓰러지기 쉽습니다.
   돌이키며 회개합니다. 긍휼과 자비를 베푸시옵소서!
2. 더 큰 은총을 주시기 위하여 직분 주심을 감사합니다.
   잘 감당하게 할 수 있도록 힘과 능력을 더하여 주소서!
3. 모범을 보이신 주님의 본을 따라 살기를 원합니다.
   성경을 읽고, 듣고, 깨달아 말씀과 함께 살게 하소서!

❧ 선한 싸움에서 승리하는 교회를 위하여

1. 말씀의 통로인 교역자들과 영적인 지도자들이
   오직 말씀으로 주의 교훈을 선포할 수 있도록 도와주소서!
2. 교회의 직분자들이 경건의 훈련에 더욱 힘쓰게 하시고
   끝까지 믿음과 착한 양심으로 선한 싸움에서 승리하게 하소서!
3. 온 교회가 하나님이 전심갑주로 무장하게 하셔서
   악한 세력들이 주님의 몸 된 교회를 넘보지 못하게 하소서!

❧ 선교의 종주국 대한민국을 위해 기도합니다.

1. 명절 때마다 유행하는 우상 섬기는 행사들이 중단되게 하시고
   모든 국민들이 주께로 돌이키는 기회가 되게 하소서!
2. 속히 전염병의 위기가 종식되게 하시고
   모든 분야의 지도자들이 여호와의 능력을 깨닫게 하소서!
3. 하나님의 거룩한 영광과 교회의 권위가 다시 회복되어
   온 세계 열방을 향한 선교의 새 바람이 일어나게 하소서!

6

모든 사람을 위하여

그러므로 내가 첫째로 권하노니 모든 사람을 위하여 간구와 기도와 도고와 감사를 하되 임금들과 높은 지위에 있는 모든 사람을 위하여 하라 이는 우리가 모든 경건과 단정함으로 고요하고 평안한 생활을 하려 함이라 이것이 우리 구주 하나님 앞에 선하고 받으실 만한 것이니 하나님은 모든 사람이 구원을 받으며 진리를 아는 데에 이르기를 원하시느니라 하나님은 한 분이시요 또 하나님과 사람 사이에 중보자도 한 분이시니 곧 사람이신 그리스도 예수라 그가 모든 사람을 위하여 자기를 대속물로 주셨으니 기약이 이르러 주신 증거니라 이를 위하여 내가 전파하는 자와 사도로 세움을 입은 것은 참말이요 거짓말이 아니니 믿음과 진리 안에서 내가 이방인의 스승이 되었노라

딤전 2:1-7

1.
기도하십니까?

많이도 들었다.
기도해야 한다고…
기도는 성도의 호흡이다.
기도는 하나님과의 대화다.

신망애(信望愛, 고전 13:13)를 교훈한 바울이
하나님의 뜻대로 사는 삶의 구체적인 모습을
"항상 기뻐하라, 쉬지 말고 기도하라,
 범사에 감사하라"(살전 5:16-18)고 가르쳤다.

사역자 디모데에게 특별히 부탁하되
"모든 사람을 위하여" 기도하라고 한 것은
유대인들만이 은총의 대상이 아니라
모든 인류가 다 구원의 대상임을 강조하기 위해서다.

2.
모든 사람을 위하여 기도하라.

애절한 마음으로 간청하되 (간구)
모든 이들을 위하여 구하고 (기도)
주께서 그리하셨듯이 이웃을 위하여 부르짖고 (도고)
하나님의 은혜를 생각하며 (감사) 기도하자.

정치 지도자들을 위하여
높은 지위에 있는 모든 사람들을 위하여
선한 영향력을 행사함으로
우리의 경건한 생활에 어려움을 겪지 않도록!

모든 이들의 평안을 위해서도 그렇거니와
하나님께서도 세상을 규모 있게 창조하셨다.
무엇보다 아름다운 것이 질서(cosmos)이기에
일체 단정함과 고요함을 위해 기도해야 한다.

불평과 불만과 반항보다는
간구와 기도와 도고와 감사로
그의 선하신 섭리에 의탁하는 중에
바울의 가르침대로 무릎을 꿇자.

3.
모든 사람이 받아야 할 구원

일찍부터 선포된 복음이다.
"누구든지 주의 이름을 부르는 자는
구원을 받으리라"(롬 10:13).
주님의 피는 만민을 위한 것이기 때문이다.

"하나님은 모든 사람이 구원을 받으며
진리를 아는 데에 이르기를 원하신다"(딤전 2:3).
그러므로 복음이 선포되어야 한다.
땅끝까지, 끝날까지!

천 년이 지나고 또 천 년이 지났다.
아름다운 발걸음이 산을 넘고 물을 건너
오늘 지금, 바로 여기까지 이르렀다.
그러나 아직도 듣지 못한 사람이 더 많다.

세상의 끝날은 다가오는데
여전히 땅끝은 우리 곁에 있다.
간절한 아버지의 소원이 복음 전도인데
딴전을 피우는 내 모습이 너무 안타깝다.

4.
모든 사람을 위한 대속물

영생의 길, 생명의 길!
오직 한 길, 구원의 길!
하나님도 한 분이요, 증보자도 한 분이시니
사람이신 그리스도, 오직 예수뿐이시다.

먹을 것을 준다 해도 내일이면 배고프고
새 옷 입고 좋아 해도 내년이면 헌옷이다.
영생 구원, 생명의 길은 영원한 선물이라.
대속하신 구세주를 힘을 다해 전하자.

이방인이라 하더라도 다른 방법이 없으니
전파자로 세움 받은 전도자의 사명은
만인의 죄를 대속하신 그를 증거 하는 것이라.
그 이름만 전한다. 오직 예수 그리스도!

거짓말이 아니라 참말이라 확인하며
믿음과 진리 안에서 이방인의 스승이라고
수없이 반복하며 강조하는 그 마음은
모든 사람이 구원하고자 하는 간절한 소원이다.

더 깊이 말씀을 묵상합니다.

🌿 성도 여러분!

전도가 어려운 때입니다. 교회를 비난하는 사람들이 많아지고, 신뢰도 마저 바닥입니다. 전도를 포기할 때라고 생각하기 쉽습니다. 그러나 사실은 지금이 바로 전도할 때입니다. 종말의 징조에 주눅 들어서는 안 됩니다. 시간이 바쁘고 여유가 없을수록 기도해야 하며, 가족들이 만나기 어려울 때일수록 가정예배를 드려야 할 때인 것처럼, 전도하기가 **가장 힘들고 어려울 그때가 바로 복음을 기회임을** 잊지 않아야 합니다.

🌿 신학생 여러분!

유대인들은 하나님을 자기들만의 하나님으로 착각합니다. 이방인들은 세상 끝날, 지옥의 불쏘시개 정도로 여겼답니다. 하나님의 뜻과는 거리가 멉니다. "땅의 모든 족속이 너로 말미암아 복을 얻을 것이라."(창 12:3). 그래서 우리들은 세상을 사랑하사 보내신 독생자 예수로 말미암아 구원을 받았고, "모든 사람이 구원을 받으며 진리를 아는 데 이르기를 원하시는" 하나님의 뜻을 위하여 부르심을 받았습니다. **세상 모든 사람들을 위한 부르심에 응답하는 우리들이 되어야** 합니다.

🌿 목회자들에게!

하나님은 목회자들을 주님의 대리자로 세워 주셨습니다. 병을 낫게 할 수도, 어려운 문제들을 해결할 수 있는 능력도 없지만 마치 내가 다 할 수 있는 것처럼 세워주시고, 실제로 병을 고쳐주시고, 지혜와 능력까지도 주셨습니다. 그러므로 교역자는 기도해야 합니다. 엎드려야 합니다. **새벽마다 성도들을 위하여 눈물로 세수할 각오가 되어 있지 않다면** 차라리 목회를 포기하는 것이 옳습니다.

삼위일체 하나님 앞에 간구합니다.

1. 아버지! 친히 전도의 문을 열어주소서!
   어느 때보다 전도가 어렵고 방해꾼들이 많기 때문입니다.
2. 우리 주 예수 그리스도시여! 믿음의 문을 열어주소서!
   믿음의 열정이 식어 가는 안타까운 현실 때문입니다.
3. 성령님! 소망의 문을 열어주소서!
   지치고 낙심하여 좌절하는 성도들이 늘어가고 있습니다.

모든 사람들의 구원을 위하여 기도합니다.

1. 우리 가족, 내 친척들을 위하여 기도합니다.
   영혼을 구원하시고, 육신적인 질병으로부터 구원하옵소서!
2. 직장 동료와 이웃들을 위하여 기도합니다.
   주님의 크신 사랑을 믿고 깨달아, 성도의 반열에 들게 하소서!
3. 온 세상 사람들의 구원을 위하여 기도합니다.
   십자가 보혈의 능력을 온 세상 사람들에게 미치게 하옵소서!

전파하는 자로서의 책임과 사명을 다하게 하소서!

1. 구원받은 성도로서 나라와 민족을 위해 기도하게 하시고
   모든 성도들이 복음전도의 사명을 다하게 하여 주소서!
2. 교회가 깨어 기도하며 주어진 일들을 잘 감당하여
   교회의 신뢰가 회복되므로 찾아오는 역사가 나타나게 하소서!
3. 어려움과 핍박을 받는 중에도 대속자인 주님을 증거하여
   가장 긴급하게 이루어져야 할 선교와 전도에 힘쓰게 하소서!

7

교회 질서와 세상과의 조화

그러므로 각처에서 남자들이 분노와 다툼이 없이 거룩한 손을 들어 기도하기를 원하노라 또 이와 같이 여자들도 단정하게 옷을 입으며 소박함과 정절로써 자기를 단장하고 땋은 머리와 금이나 진주나 값진 옷으로 하지 말고 오직 선행으로 하기를 원하노라 이것이 하나님을 경외한다 하는 자들에게 마땅한 것이니라 여자는 일체 순종함으로 조용히 배우라 여자가 가르치는 것과 남자를 주관하는 것을 허락하지 아니하노니 오직 조용할지니라 이는 아담이 먼저 지음을 받고 하와가 그 후며 아담이 속은 것이 아니고 여자가 속아 죄에 빠졌음이라 그러나 여자들이 만일 정숙함으로써 믿음과 사랑과 거룩함에 거하면 그의 해산함으로 구원을 얻으리라

딤전 2:8-15

1.

거룩한 손을 들고

닥친 난국을 극복해 보려다가
세상은 이미 손을 들었다.
방법이 없고 도리가 없으니
부득이 포기의 손을 들고 말았다.

우리가 해야 한다.
세상이 못하는 일을!
그래서 성도들이 손을 들어야 한다.
마땅히 들어야 할 기도의 손이다.

거룩한 손을 들고
각처에서 무릎 꿇고 기도하는 일은
주를 경외하는 자들에게 마땅한 것이라.
이 일에 남자가 나서야 할 이유도 알자.

2.
분노와 다툼을 멀리하고

시대가 변하고 풍속이 달라지니
성경을 붙잡고 시비하지만
말씀의 배려는 분명한 것이니
본래의 의도를 바로 이해하자.

유대와 헬라의 남자들에게는
아침마다 기도하는 제목이 있었다.
"여자로 태어나지 않아 감사합니다."
그렇다면 당연히 기도의 자리를 지켜야지!

아무래도 남성들이 빼앗긴 것 같다.
기도의 자리를 여성들에게…
분노와 다툼도 버려야 한다(8절).
응답받는 기도의 첫 번째 조건이기 때문이다.

의심과 죄악으로 하나님과 멀어지면
이기적이거나 자기중심의 기도가 된다.
기도에 남녀의 구별이 있으랴마는
특별히 남성들이 명심해야 할 일이다.

3.
세상 문화와의 조화를 위하여

복음이 전파되는 곳에는 성차별이 사라지고
적어도 교회 안에서는 동등한 지위가 인정되었으나
바울은 여성에게 부덕(婦德)을 교훈한 것은
사회적 인식과 세상 문화와의 조화를 위해서였다.

말씀 안에서야 당연히 하나가 되어야 하고
기도에 대해서는 더 이상 말할 필요도 없지만
세상과도 연대하여 주의 일을 감당하려면
시대적 상황이나 문화적 배경도 챙겨야 한다.

"단정함으로
소박함과 정절로써
사치를 금하고
오직 선행으로…"(9, 10절)

이 일에 역시 남녀를 어찌 구별하리요마는
특별히 여성에게 이 일을 강조함은
일체의 순종함과 정숙함으로써
믿음과 사랑과 거룩함을 위함이라(15절).

4.
남녀 구별은 본래적인 창조 질서

구별은 해야 하나 차별하지 않아야 한다.
일찍부터 금한 일이 차별의 문제였다.
그러나 구별함은 하나님의 질서다.
순리를 거스르면 죄가 됨을 바로 알자.

창조의 순서는 아담이 먼저이고 하와가 그 후지만
죄에 빠진 것은 하와가 먼저이고 아담이 다음이다.
그래서 여자들이 정숙함으로써
믿음과 사랑과 거룩함에 거하라 교훈하나 보다.

분명한 것은 차별로 읽지 않아야 한다.
더 큰 혼란과 세상의 비난을 자초하기 때문이다.
그러나 구별은 인정해야만 한다.
출산은 여자의 것이며, 여인의 복이라 하였다.

그러므로 회복하되 하나가 되자.
기도로 이기며 창조 질서를 보존하자.
거룩한 영광을 하나님께 돌림으로
주의 몸 된 교회의 신뢰를 회복하자.

더 깊이 말씀을 묵상합니다.

🌿 성도 여러분!

거룩한 하나님의 백성이지만 발을 땅에 딛고 사는 우리들입니다. 그러므로 세상을 무시하는 일이 없어야 합니다. 복음 안에서는 모든 것이, 그리고 얼마든지 '예'가 됩니다(고후 1:20). 복음의 대상인 세상 사람을 생각하며 유대인들과 헬라인들이 가진 여성관을 고려하여 여성들이 가져야 할 단정함과 정숙함을 설명한 것일 뿐 남녀 모두가 가져야할 자세들을 이야기합니다. **세상의 비난을 받지 않기 위하여 건덕(建德) 생활**이 필요한 이유를 다시 한번 생각해 봅시다.

🌿 신학생 여러분!

목회는 하나님의 일입니다. 이 일을 준비하는 이들에게 **하나님과 하나되는 훈련**이 꼭 필요합니다. 분노와 다툼이 없어야 합니다. 의심과 죄악으로 인하여 하나님과 멀어지는 일도 없어야 합니다. 추하고 속된 것과 거룩함이 하나가 될 수 없기 때문입니다. 학문도 필요하지만 겸손과 인자함으로 가득한 인품을 가져야 합니다. 그래서 '경건 다음에 학문'을 이야기합니다.

🌿 목회자들에게!

교회는 이 땅에 하나님 나라를 위하여 세워진 전위대입니다. 이 일을 위하여 선두에 서 있는 지도자들이 목회자들입니다. 교인들은 물론 세상에서도 평화를 만들어가는 사람들임을 잊지 않아야 합니다. 누구나 평화를 사랑하지만 목회자들은 단순한 평화애호가(peace lover)가 아니라 평화의 사도(peace maker)가 되어야 합니다. 목회자는 누구나 다 하는 일을 하는 사람들이 아니라 주님이 주시는 능력으로 **"세상이 못하는 일을 내가 해야 한다."**는 각오와 다짐이 필요합니다.

함께 기도합시다.

거룩한 손을 들어 기도하게 하소서!(딤전 2:8)

1. 오늘의 난국을 극복하는 길은 기도뿐임을 알고
   모든 성도들이 오로지 마음을 합하여 기도하게 하소서!
2. 온 세상이 분노와 다툼과 의심과 죄악으로 가득합니다.
   진실함으로 회개하고, 서로 믿음으로 화해하게 하소서!
3. 자기중심적이고 이기적인 욕심으로 세상이 어지러우나
   오직 주의 영광만을 위한 평화로운 세상이 되게 하소서!

선행과 질서를 회복하게 하소서!(딤전 2:10)

1. 남자와 여자, 노인과 젊은이, 어린이와 어른이 구별된
   사회, 예절과 질서가 바로 서는 나라가 되게 하소서!
2. 거짓된 것이나 힘이 있고 가진 자의 횡포가 사라지고
   착하고 성실한 사람들이 잘 사는 사회가 되게 하소서!
3. 서로 협력하고 도와주며, 창조의 원리에 따라 삶으로써
   하나님 나라의 질서와 평강이 이 땅에 가득하게 하소서!

순종과 정숙함으로 책임을 다하게 하소서!

1. 말씀에 순종하고 타인에게 덕을 끼치는 성도가 되고
   세상으로부터 인정받는 교회로 신뢰가 회복되게 하소서!
2. 겉모습이 화려하거나 거창한 구호나 치장보다는
   절제와 인내로 실속이 있는 교회로 성장해 가게 하소서!
3. 세상의 유혹이나 욕심, 자랑에 현혹되지 않게 하시고
   굳건히 자기 책임을 다하는 성도와 교회가 되게 하소서!

8

감독의 직분과 자격

미쁘다 이 말이여, 곧 사람이 감독의 직분을 얻으려 함은 선한 일을 사모하는 것이라 함이로다 그러므로 감독은 책망할 것이 없으며 한 아내의 남편이 되며 절제하며 신중하며 단정하며 나그네를 대접하며 가르치기를 잘하며 술을 즐기지 아니하며 구타하지 아니하며 오직 관용하며 다투지 아니하며 돈을 사랑하지 아니하며 자기 집을 잘 다스려 자녀들로 모든 공손함으로 복종하게 하는 자라야 할지며 (사람이 자기 집을 다스릴 줄 알지 못하면 어찌 하나님의 교회를 돌보리요) 새로 입교한 자도 말지니 교만하여져서 마귀를 정죄하는 그 정죄에 빠질까 함이요 또한 외인에게서도 선한 증거를 얻은 자라야 할지니 비방과 마귀의 올무에 빠질까 염려하라

딤전 3:1–7

1.
감독의 직분

연륜과 경험이 풍부하고
신앙적으로 지도자로서 원만하다고 여기는 자를
장로(長老 ; '연장자' 혹은 '어른'이라는 뜻)로 세웠다.
교회의 어른으로서 지위와 직함을 이르는 호칭이다.

맡은 바 그 직무를 강조함으로
감독(監督 ; '보살핌'을 의미)이라 불렀다.
주의 양 떼들인 교인들을 돌보는 것이 주된 업무이다.
봉사자로서의 직분이 강조된다.

유대인들에게는 일찍부터 장로의 직이 있었다.
모세 시대에도 70명의 장로가 있었으나
이방인들에게는 장로가 생소한 단어이기에
바울은 개종한 이방인들에게는 감독이라는 말을 즐겨 썼다.

2.
책망할 것이 없어야

교회의 지도자가 된다는 것은 좋은 일이다.
바울은 '선한 일을 사모하는 자의 몫'으로 본다.
그러나 갖추어야 할 조건이 있다.
무엇보다 책망할 것이 없어야 한다.

한 아내의 남편, 도덕적으로 흠이 없어야 한다.
절제하며, 스스로를 통제할 줄도 알고
신중하며, 경거망동하지 않고 진지하며
단정하며, 남이 보기에도 깔끔하여야 한다.

나그네를 대접하며, 인간관계가 원만하고
가르치기를 잘하며, 설득력이 있어야 하며
술을 즐기지 아니하고, 취하고 금하는 것을 분별하며
구타하지 아니하며, 난폭해서는 안 된다.

오직 관용하며, 포용력이 있는 너그러운 마음으로
다투지 아니하며, 화평을 만들어가는 사람이어야 하되
돈을 사랑하지 아니하며, 육적인 것을 좋아하지 않으며
무엇보다 인덕(仁德)을 갖춘 사람이어야 한다는 말이다.

3.
가정을 잘 다스려야

최초의 가정을 허락하신 분은 하나님이시다.
남자와 여자를 만드신 다음
그들에게 복을 주시며 사명을 주셨다.
사람은 가정에서 태어나 가정에서 자란다.

교회의 지도자들은 가정을 잘 다스려야 한다.
자녀들을 잘 양육하며
먼저 자녀들로부터 존경을 받아야 한다.
평화로운 가정을 통하여 하나님께 영광을 돌리자.

자기 일도 못하면서
자기 가정을 잘 다스리지도 못하면서
교회를 돌보며 성도들을 지도한다면
정말 덕스럽지 못하다는 평가를 받을 수밖에 없다.

지도력은 영향력이다.
아름다운 영향력은 가정에서부터 시작된다.
그래서 옛 어른들도 수신제가(修身齊家)를 가르쳤고
그 이후에야 치국평천하(治國平天下)를 이야기했다.

4.
외인들에게 인정받으려면

장로, 곧 감독의 직분을 소홀히 해서는 안 된다.
지도자는 사람들에게도 본이 되어야 하지만
하나님께 영광을 돌려야 함이 가장 먼저다.
그래서 신중하고, 경건하고 덕스러워야 하는 것이다.

신앙생활이 처음인 자에게 직분을 맡길 수 없다.
자만에 빠져 직분을 가벼이 여길까 염려도 되지만
아담으로부터 전달 교육을 제대로 받지 못한 하와가
뱀의 유혹에 불분명한 태도를 보인 것을 기억하자.

교회의 바깥사람들이 볼 때에도
성도로서, 혹 지도자로서의 품위가 드러나야 한다.
주님의 몸 된 교회나 그 지체인 성도가
외인들에게 비난과 폄훼를 당할 이유가 없다.

세상 사람들에게 비방을 받지 않고
마귀의 올무에 빠지는 일이 없어야 한다.
자신과 가문과 교회에서도 좋은 평판을 받아야 하지만
최종적으로 영광을 받으실 분은 하나님이시기 때문이다.

더 깊이 말씀을 묵상합니다.

🌿 성도 여러분!

하나님의 일은 하나님이 하시지만, 하나님은 그의 종들을 사용하십니다. 무엇보다 하나님은 순결한 믿음의 사람들을 통하여 일하십니다. 그러므로 그의 아들이요, 딸인 성도들은 언제나 자신을 정결한 주님의 도구인지 살펴야 합니다. 먼저는 자기 <u>스스로</u>를, 그 다음에는 자신의 가정을, 그리고 타인들로부터 인정을 받을 수 있어야 합니다. 자기의 명예나 자랑 때문이 아니라 우리들은 하나님의 자녀들이므로 더욱 그렇습니다. 그래서 우리 선배들은 **수신제가**를 강조하였습니다.

🌿 신학생 여러분!

완벽한 사람은 없습니다. 부족하지만 이 모습 이대로 불러주신 하나님이십니다. 그러나 우리들은 **깨끗한 복음의 통로**가 되어야 할 사람들입니다. 수원지에서 정화된 물들이 수도관을 타고 깨끗한 물이 가정으로 공급되어야 하는 것처럼, 주님의 복을 운반하는 통로가 되어야 우리들입니다. 이물질이 끼이거나 투입되는 일이 없어야 합니다. 그래서 책망받을 일이 없는 지도자가 되기 위한 훈련이 필요합니다. 늘 깨어 있어야 비방과 마귀의 올무에 빠지지 않습니다.

🌿 목회자들에게!

향방이 없는 달음질이 되지 않아야 합니다. 허공을 치는 일이 없어야 합니다(고전 9:26). 지도자의 자리가 그토록 중요합니다. 성도들을 위하여 기도하고, 그들을 위하여 수고하며, 남에게 복음을 전파한 후에 자신이 버림 받을까 두려워 "내가 내 몸을 쳐 복종"(고후 9:27)한다는 바울의 고백을 염두에 두어야 할 것입니다. **목사의 생명은 순결**입니다.

함께 기도합시다.

책망 받을 것이 없는 성도들이 되게 하소서(딤전 3:1-3)

1. 도덕적으로 흠이 없는 성도들이 되도록 지켜주소서!
   스스로 자신을 절제하며, 신중하며, 단정하게 하소서
2. 이웃과의 관계가 원만하여 사람들에게도 인정을 받지만
   스스로 덕을 세우며 화평을 만드는 자들이 되게 하소서.
3. 술을 즐기고, 돈을 사랑하고, 쾌락을 쫓는 일이 없도록
   늘 깨어 말씀에 순종하며 살아가는 저희들이 되게 하소서!

모범된 믿음의 가정과 가족들이 되게 하소서(딤전 3:4-5)

1. 허락하신 가정들 위에 복을 내려주소서!
   새 봄과 함께 생기가 넘치는 복된 가정들이 되게 하소서.
2. 새 학기를 맞는 자녀들이 학업에 전념하며
   장성한 청년들에게는 아름다운 가정을 이루게 하소서!
3. 세상이 부러워하는 믿음의 가정들이 되게 하시고
   하는 일들과 사업들을 더욱 번성하게 하소서!

세상에서도 인정받는 교회와 성도 되게 하소서(딤전 3:6-7)

1. 떨어진 교회의 위신과 신뢰가 속히 회복되게 하시고
   세상이 교회를 믿고 인정하므로 함께 복을 받게 하소서!
2. 교회 직분자들이 자신의 직분의 소중함을 알게 하시고
   지도자들부터 본분과 책임을 다하기에 부족함이 없게 하소서!
3. 늘 깨어 기도하는 교회와 지도자들이 되게 하셔서
   세상의 비방과 마귀의 올무에 빠지지 않게 하소서!

9

집사의 직분을 잘한 자들은?

이와 같이 집사들도 정중하고 일구이언을 하지 아니하고 술에 인박히지 아니하고 더러운 이를 탐하지 아니하고 깨끗한 양심에 믿음의 비밀을 가진 자라야 할지니 이에 이 사람들을 먼저 시험하여 보고 그 후에 책망할 것이 없으면 집사의 직분을 맡게 할 것이요 여자들도 이와 같이 정숙하고 모함하지 아니하며 절제하며 모든 일에 충성된 자라야 할지니라 집사들은 한 아내의 남편이 되어 자녀와 자기 집을 잘 다스리는 자일지니 집사의 직분을 잘한 자들은 아름다운 지위와 그리스도 예수 안에 있는 믿음에 큰 담력을 얻느니라

딤전 3:8-13

1.
집사가 되라.

성도들은 그리스도의 일꾼들이 되어야 한다.
이것이 마땅한 일이라고 했다(고전 4:1).
구경꾼, 말꾼, 이야기꾼이 되지 않아야 한다.
일 맡은 자들이라 집사(執事)라고 한다.

설교하는 집사를 목사라고 하고
치리하는 집사를 장로라도 부른다.
심방하는 집사를 권사라고 부르고
가르치는 집사를 교사라고 한다.

이들을 포함한 모든 일꾼들을
교회에서는 집사라고 부를 수도 있지만
직분자로서의 집사인 청지기, 지킴이, 살림꾼들이
반드시 갖추어야 할 자격이 있다는 말이다.

2.
이와 같이 집사들도

장로(감독)의 자격을 논한 후에
'이와 같이'라고 한 것은
집사들도 지도자들의 위치에 있으므로
장로들과 동일한 자리임을 이야기한다.

장로들도 집사들과 마찬가지라는 것을
은연중에 강조하고 있는 것을 보면
정중해야 함이 그렇고
일구이언을 하지 않아야 한다는 것도 그렇다.

더구나 교회의 일꾼들이
의젓하며 점잖고 원숙하여야 한다.
한 입으로 두 말 하는 일이 없어야 하며
세상에서도 술에 인박힌 자는 인정받지 못하는 시대다.

거룩한 일을 맡은 자들이
세상의 것을 욕심내는 일이야 있을까마는
그래도 하도 어둡고 탁한 세상인지라
더러운 이득을 탐하는 일이 없도록 하라고 가르친다.

3.
여 집사(권사)들에 대한 교훈

한국 교회는 여자 집사가 없었다.
그래서 성경에는 없는 용어지만
권사라는 직분으로 대신하였으나
성경은 여자 집사(권사)의 직분을 분명히 한다.

여자들도 예외가 없이 정숙하며
남을 모함(참소)하지 아니하며
절제하며 매사에 충성해야 한다는 교훈은
사실상 남녀의 구분이 없다는 말이다.

깨끗한 양심에
믿음의 비밀을 가진 자!
16절에는 '경건의 비밀'이라고 하였으나
이는 모두 믿음을 통한 구원의 도리(道理)를 지칭한다.

남녀를 불문하고
집사(권사 포함)와 장로의 구별이 없이
일정한 훈련과 시험을 거치는 것은
바른 일꾼을 세우기 위한 부득이한 과정이다.

4.
직분에 대한 보상인 아름다운 지위

감독과 집사의 직분
은혜 받은 자로서의 마땅한 본분이건만
이에 따른 보상을 약속하신다.
아름다운 지위와 믿음의 큰 담력!

보다 높은 지위를 언약하심은
믿음의 진보가 함께 보장됨이요
성도들에게 아름다운 평판을 받게 됨과 함께
마지막 날 하늘의 보상이 클 것이라는 약속이리라.

그리스도 안에 있는 믿음의 큰 담력!
직분을 수행하므로 얻는 은총 중에 하나다.
소심함을 극복하므로 담대함을 얻는 것이니
이 확신이야말로 하나님의 보상이다.

세상의 직분과 지위도 자랑스럽거늘
교회의 직분을 성직이라 하였으니
하늘의 직분은 하나님이 주신 것!
하나님께서 하시면서 그 상급은 우리에게 주신다.

더 깊이 말씀을 묵상합니다.

🍃 성도 여러분!

예수님은 "인자가 온 것은 섬김을 받으려 함이 아니라 도리어 섬기려 하고 자기 목숨을 많은 사람의 대속물로 주려 함이니라."(막 10:45)고 하셨습니다. 성도들이 착각하기 쉬운 것이 세상이 나를 위하여 존재하는 것으로 아는 것입니다. 우리는 주님을 따르는 사람들입니다. 하나님을 **섬기고 세상을 섬기는 것이 성도들의 직분**입니다. 더구나 교회의 직분을 맡은 자들은 더더욱 그렇습니다.

🍃 신학생 여러분!

사람도 다양하지만 사람들을 통하여 일들도 다양합니다. 원칙이 필요하지만 원칙대로만 되지 않습니다. 직분의 기준도 그렇고, 동역하는 성도들의 하는 일들도 그렇습니다. 원칙을 무시해서는 안 됩니다. 경기에서 때로 변칙이 통하는 것은 원칙이 있기 때문입니다. 원칙을 무시한 변칙은 반칙이 되어 패하게 됩니다. **원칙을 먼저 배우고 익혀야 합니다.** 그러나 많은 경우의 수가 있음을 알고 원칙에 따른 부수적인 문제들을 여유롭게 대하는 훈련이 필요합니다.

🍃 목회자들에게!

성경을 가르치다 보니 늘 바른 말만 합니다. **바른 소리만 하다 보면** 자신이 바르게 살고 있다고 생각하기 쉽습니다. 성도들은 압니다. 목회자의 기침 소리까지도 분별합니다. 그러므로 언제든지 자신을 점검하는 자세가 필요합니다. 성경말씀보다 더 분명한 거울이 없을 것입니다만 나를 가장 잘 아는 이가 가족입니다. 모든 모범은 가정에서부터 시작됨을 잊지 않아야 합니다. 가족들로부터 확인받을 것은 말보다도 먼저 바른 삶이라는 사실을 깨달읍시다.

직분자들과 교회의 당면한 문제들을 위한 기도

교회의 직분자들을 위하여 기도합니다.

1. 섬기는 자로서, 봉사하는 자로서, 주어진 직분을 깨닫고
   주어진 역할을 잘 감당하는 집사, 권사, 직분자 되게 하소서!
2. 주의 일 잘 감당하려면 세상적인 걱정이 없어야 합니다.
   직분자들의 가정과 사업과 하는 일들이 형통하게 하소서!
3. 정결하고 깨끗하며, 책망할 것이 없는 자질을 갖게 하셔서
   영적인 생활이 모범이 되는 복된 직분자들이 되게 하소서!

다음 세대의 영적인 지도자들을 위하여 기도합니다.

1. 국내외적인 위기 상황이 속히 종식되므로 교회학교가
   정상적으로 교회교육 프로그램이 원만하게 진행되게 하소서!
2. 청년들과 젊은 세대들이 신앙회복의 중심이 되게 하시고
   이들을 통하여 교회의 역사가 새로워지게 하소서!
3. 교회학교, 찬양대, 교회의 각 부서와 기관들과 함께 하셔서
   구성원들이 하나가 되어 주어진 일들을 잘 감당하게 하소서!

교회의 당면한 문제와 환우들을 위해 기도합니다.

1. 성경읽기와 통독에도 힘쓰게 하시고, 말씀으로 인하여
   선교를 위한 도전적인 결과와 열매가 있게 하소서!
2. 바른 절기 신앙으로 온 교우들이 주님의 사랑과 은총을 깨닫고
   주님의 부활과 승리에 동참하는 귀한 절기가 되게 하소서!
3. 수술 환자들, 연로하신 성도들, 교통사고 환자들이 많습니다.
   치유하여 주시고 회복되게 하시고, 더욱 강건하게 하소서!

10

경건의 비밀

내가 속히 네게 가기를 바라나 이것을 네게 쓰는 것은 만일 내가 지체하면 너로 하여금 하나님의 집에서 어떻게 행하여야 할지를 알게 하려 함이니 이 집은 살아 계신 하나님의 교회요 진리의 기둥과 터니라 크도다 경건의 비밀이여, 그렇지 않다 하는 이 없도다 그는 육신으로 나타난 바 되시고 영으로 의롭다 하심을 받으시고 천사들에게 보이시고 만국에서 전파되시고 세상에서 믿은 바 되시고 영광 가운데서 올려지셨느니라

딤전 3:14-16

1.

이것을 네게 쓰는 것은

사랑하는 마음을 가진 자의 모델이
바울과 디모데의 관계라고 했다.
속히 가서 만나기를 사모하는 바울에게
에베소로 갈 기회가 주어지지 않았다.

그래서 편지를 쓰는 이유를 밝힌다.
"내가 속히 네게 가기를 바라나
이것을 네게 쓰는 것은… "
조금도 지체하고 싶지 않은 교훈들이 있었던 까닭에!

경험이 소중하고
어른들의 가르침이 중요합니다.
그때에 차근차근 글로써 남긴 바울의 교훈이
오늘까지도 목회의 기준이 되고 있다.

2.
첫째 '하나님의 집'에 대한 교훈입니다.

우리에게 주어진 직분들은
하나님의 집, 곧 교회를 위한 직분이다.
교회는 하나님의 자녀들이 모인 곳이다.
그러므로 아버지의 뜻이 중요하다.

이 집은 살아 계신 하나님의 집이라는 사실을
구태여 밝히는 이유를 분명히 알아야 한다.
단순한 소유권을 주장하는 것이 아니라
하나님의 주권적 섭리를 이야기하는 것이다.

'살아 계심'을 강조하는 이유도 마찬가지다.
지금 현재(now), 여기에서(here), 실제적으로(practical)
우리들을 부르셨으며, 다스리시는 그분의 집!
그것이 바로 살아 계신 하나님의 교회다.

바로 그곳에서 사역하는 목회자와 일꾼들은
성육신하신 예수 그리스도가 바로 진리이시며
그 진리를 지탱하는 기둥과 터로서의 교회임을 알고
당당하게 그분의 뜻(비밀)을 선포할 수 있어야 한다.

3.
크도다, 경건의 비밀이여!

비밀은 어려운 게 아니라 모르는 것이다.
알지 못하기 때문에 비밀이다.
하나님의 집 대문 키의 비밀번호는 3927이다.
누구나 알면 열 수 있으나 모르니까 비밀이다.

우리들은 하나님의 비밀을 맡은 자들(고전 4:1)이다.
믿음의 비밀을 알고 깨달은 사람들(딤전 3:9)이다.
모든 경건의 비밀은 신구약 성경에 있다.
바울은 이 사실을 크게 선포하고 싶어 한다.

"크도다, 경건의 비밀이여!
 그렇지 않다 하는 이 없도다."(16절 상)
교회, 즉 하나님의 집에서는 공개된 비밀이다.
그래서 "그렇지 않다 하는 이 없다"고 밝힌다.

결국 강조하는 비밀은 '진리'다.
곧 "예수는 그리스도"라는 사실이다.
이 비밀을 선포하는 교회가
바로 진리의 기둥과 터라는 것이다.

4.
육신으로 나타난 바 되시고

비밀을 구체적으로 드러내신 분은 하나님이시다.
모르는 것을 밝히 드러내는 것을 계시라고 한다.
기록된 말씀으로, 그것도 점진적으로 드러내시더니
결국은 아들로, 독생자로 나타내셨다.

"그는 육신으로 나타난 바 되시고
 영으로 의롭다 하심을 받으시고
 천사들에게 보이시고
 만국에서 전파되시고"(16절 중)

이제는 모든 세계가 다 아는 비밀이 되었다.
아직도 이 사실을 알지 못하면
지옥으로 가는 것 외에는 달리 방법이 없다.
이 놀라운 비밀을 모르니 부득이하다.

이 진리를 깨달아 교회에 속하였고 직분을 받았으니
우리도 이 계시의 사역에 동참해야 한다.
세상에서 믿은 바 되시고 영광 중에 올라가신 그분!
예수 그리스도를 밝히 드러내는 삶을 살아야 할 것이다.

더 깊이 말씀을 묵상합니다.

🌿 성도 여러분!

세상은 많은 진리들이 있다고 가르칩니다. 그러나 그 진리는 많은 진리 가운데 하나입니다. 정확하게 표현하면 일리(A Truth)지요. 오직 **하나뿐인 진리, 절대적인 진리**(The truth)가 있습니다. 모든 그리스도인들은 이 진리를 믿습니다. 바로 "예수는 그리스도"라는 진리입니다. 그분은 우리들에게 하나님을 보여주신 선지자이시며, 우리들의 죄를 대신 짊어지시고 스스로 자신의 몸을 제물로 드리신 제사장이시며, 아둔한 우리들을 다스리는 왕이시기 때문입니다.

🌿 신학생 여러분!

확신이 중요합니다. 잘 가르치며, 감동 감화를 주며, 모범적인 삶을 살아야 하는 교사가 되고 목사가 되려면 자신이 먼저 분명한 확신을 가져야 합니다. 더구나 살아 계신 하나님의 교회를 책임질 목회자가 되기 위하여 반드시 **체험적인 신앙**을 가져야 합니다. 태초부터 숨겨진 비밀을 계시하는 과정에서 예수님을 통하여 결정적인 비밀을 드러내 보여 주셨으니 이 일을 위하여 나의 할일을 결단하여야 할 때가 바로 지금입니다.

🌿 목회자들에게!

교회의 가장 궁극적인 사명은 "안 믿는 사람은 믿게 만들어야 하고, 이미 믿음을 가진 분들은 더 잘 믿도록 하는 것"입니다. 목회의 비밀은 이것 이상도 이하도 아닙니다. 아무리 탁월한 행사를 계획한다고 해도 이 목적에 맞지 않다면 언제든지 포기하는 게 옳습니다. 경건의 비밀, 복음의 비밀이 자녀인 우리들에게는 다 공개된 사실입니다. 복음의 비밀을 선포하는 이 일을 주님 오시는 그날까지 계속하여야 할 것입니다.

감사하는 마음으로 주님께 영광을 돌려 드립니다.

❦ '경건의 비밀'을 알게 해 주셔서 감사합니다.

1. 부족한 저희들을 하나님의 백성으로 삼으시기 위하여
   십자가 지신 우리 주님의 크고 놀라운 사랑을 감사합니다.
2. 이 놀라운 진리와 천국의 비밀을 깨닫게 하시기 위하여
   사순절을 허락하셔서 기도하게 하시고 복 주시니 감사합니다.
3. 교회의 일꾼으로, '하나님의 비밀을 맡은 자'로(고전 4:1)
   세우셨으니, 주어진 직분을 잘 감당하는 종들이 되게 하소서!

❦ '진리의 기둥과 터'인 주님의 교회를 위해 기도합니다.

1. 교회의 머리가 되신 주님! 교회가 이 시대의 빛과 소금으로
   복음의 비밀을 과감하게 선포하도록 그 신뢰를 회복하게 하소서!
2. '살아 계신 하나님'의 교회이오니 교회를 향하여 구하는 이마다
   응답의 큰 기쁨과 함께 주시는 능력으로 충만하게 하소서!
3. 진리의 터인 교회들이 언제나 주의 진리만을 선포하게 하시고
   이 시대에도 든든한 기둥으로 우뚝 서는 교회들이 되게 하소서!

❦ '주님의 고난'을 기억하는 우리에게 긍휼을 베푸소서!

1. 온갖 재난과 전쟁의 위기로 온 세상이 어지럽고 소란합니다.
   속히 진정되게 하셔서 부활의 영광이 나타나게 하소서!
2. 의로우신 주님의 이름이 온 세계 만국에 전파되게 하시고
   이 세상 모든 사람들이 주께로 돌아오는 계기가 되게 하소서!
3. 이 일을 위하여 믿음의 사람들에게 부활의 능력이 나타나며
   오히려 고난을 통하여 기도가 더욱 뜨거워지게 하소서!

11

감사함으로 받자

그러나 성령이 밝히 말씀하시기를 후일에 어떤 사람들이 믿음에서 떠나 미혹하는 영과 귀신의 가르침을 따르리라 하셨으니 자기 양심이 화인을 맞아서 외식함으로 거짓말하는 자들이라 혼인을 금하고 어떤 음식물은 먹지 말라고 할 터이나 음식물은 하나님이 지으신 바니 믿는 자들과 진리를 아는 자들이 감사함으로 받을 것이니라 하나님께서 지으신 모든 것이 선하매 감사함으로 받으면 버릴 것이 없나니 하나님의 말씀과 기도로 거룩하여짐이라

딤전 4:1-5

1.
기회를 노리는 불순 무리들

종말의 때가 되면 어떤 일이 벌어질까?
주님도 이미 말세의 징조를 말씀하셨다(막 13:22).
"거짓 그리스도들과 거짓 선지자들이 일어나서 이적과 기사를
행하여 할 수만 있으면 택하신 자들을 미혹하리라."

언제나 불순한 것들이 틈타게 되는 것은
불평과 원망과 다툼이 있는 곳이다.
감사와 기쁨, 은혜와 평강이 있는 곳에는
결코 사단이 파고들 여유가 없다.

예나 지금이나 진리가 선포되는 목회 현장에는
언제나 방해꾼이 있어 왔고
호시탐탐 기회를 누리는 못된 무리들이 있었다.
성령의 이름으로 밝히 말씀하심을 귀담아 들어야 한다.

2.
악한 무리들의 본체

사단은 본래 천사장인 루시퍼였다.
하나님의 심부름꾼으로 인간을 섬기던 그가
거느린 천사들과 함께 타락한 것은
자신이 하나님처럼 되고자 하는 탐욕 때문이었다.

타락한 천사들인 귀신들과 함께
사단이 주로 하는 일은 미혹하는 일이다.
"후일에 어떤 사람들이 믿음에서 떠나
미혹하는 영과 귀신의 가르침을 따르리라."(1절)

하나님의 형상으로 지음 받은 인간이지만
뱀의 유혹으로 치명적인 손상을 입은 것이 양심이다.
"자기 양심이 화인을 맞아서
외식함으로 거짓말하는 자들이라."(2절)

그들은 혼인을 금한다.
어떤 음식물은 먹지 말라고 한다.
자유를 누리기보다 계명과 율법들로 얽어매려고 한다.
세상을 통해서 볼 수 있는 구체적인 현상들이다.

3.
감사함으로 극복하고 이겨야 합니다.

이러한 일들이 더 심했던 곳이 고린도 지역이다.
우상과 음란함이 판을 치던 고린도에서도
심지어 우상에게 제사를 지낸 음식들이
시장에서 다시 거래되기도 했다(고전 10:25).

바울은 우상의 제물에 대하여
먼저 형제를 생각하라고 권하였으나(고전 8:13)
양심을 위하여 묻지 말고 먹되(고전 10:27)
많은 사람의 유익을 구하라(고전 10:33)고 권면한다.

그러나 궁극적인 교훈은 '하나님의 영광'을 위함이다.
"그런즉 너희가 먹든지 마시든지 무엇을 하든지
 다 하나님의 영광을 위하여 하라."(고전 10:31)
목적이 분명하면 결코 사단도 미혹하지 못한다.

성령께서 밝히 말씀하심에 귀를 기울여야 한다.
모든 음식물은 하나님께서 지으신 것이다.
우리들은 믿는 자들이며 진리를 아는 자들이다.
그러므로 우리들이 감사함으로 받아야 한다(3절).

4.
결코 버릴 것은 없습니다.

자칫하면 빠지기 쉬운 것이 금욕주의다.
때로는 경건을 가장하고, 때로는 종교라는 이름으로
미혹하기 때문에 넘어가기 일쑤다.
그러므로 깨어 있어서 기회를 주지 않아야 한다.

더구나 영지주의자들은 물질적인 것에 부정적이다.
오직 선한 것은 영적인 것뿐이라고 가르쳤다.
하나님께서 지으신 모든 것이 선하다.
감사함으로 받으면 버릴 것이 없다(4절).

선악 판별의 기준은 하나님의 말씀이다.
부정한 것은 타락한 인간의 죄악 때문이다.
하나님은 모든 것을 선하게 창조하셨으며
인간을 통하여 모든 것이 회복되기를 원하신다.

말씀과 기도로
감사와 찬송으로
모든 것이 거룩해질 때(5절)
어느 것 하나도 버릴 것이 없다.

더 깊이 말씀을 묵상합니다.

🌿 성도 여러분!

욕심을 부리는 것만큼 위험한 일이 없습니다. 본래 사단은 '루시퍼'라는 이름의 천사장입니다. 하나님의 심부름꾼으로 성도들을 도리어 인간들에게 섬김을 받는 자리를 탐하므로 타락하였습니다. 성경에는 타락한 천사장인 악마, 마귀, 사단은 단수로 기록되어 있으나 함께 타락한 천사들은 복수인 '귀신들'로 기록되어 있습니다. 우리도 마찬가지입니다. **자기 자리를 잘 지켜야 합니다.** 자기 자리를 이탈하거나 월권을 하는 일이 없어야 할 것입니다.

🌿 신학생 여러분!

해야 할 일과 해서는 안 되는 일을 구별할 수 있어야 합니다. 또 할 수 있는 일이 있고, 할 수 없는 일이 있습니다. 이것은 학문과 지식으로도 배우고 깨닫기도 하지만 **영적인 분별력이 필요합니다.** 요셉은 보디발의 집에 가정 총무로서 금하는 것과 그렇지 아니한 것을 분명히 했습니다 (창 39:9). 성령님의 지도하심을 받아 양떼를 위하여 삼가야 할 것이 무엇인지를 깨닫는 훈련이 필요합니다.

🌿 목회자들에게!

교회성장 둔화에는 여러 가지 이유들이 있겠지만 가장 심각한 문제는 지도자들의 **정체성 위기**(Identity Crisis)가 아닌가 생각합니다. 그 결과 교회는 목적을 잃어버리고(Purposeless Church), 이름뿐인 그리스도인 (Nominal Christian)들이 양산되기 때문입니다. 내가 누구인가(Who am I?)를 분명히 해야 합니다. 목사이기 전에 신자가 되어야 하고, 신자이기 전에 인간이 되라는 옛 어른들의 가르침이나 "목사님들 예수 잘 믿으시오!"라고 하셨던 고 한경직 목사님의 교훈을 기억합시다.

세상의 유혹을 이기며 승리하게 하소서!

지금은 미혹하게 하는 영들로 가득 차 있습니다.

1. 선악 판별이 어렵고, 옳고 그름을 구별하기 어려운 시대지만
   말씀과 깨어 기도함으로 분별할 수 있는 저희들 되게 하소서!
2. 언제나 감사와 기쁨, 은혜와 평강이 넘치게 하시고
   이단들과 악한 세력들이 틈타지 못하도록 지켜 주소서!
3. 고난당하신 주님을 바라보며 사순절과 고난주간을 통하여
   큰 능력을 받음으로 부활의 승리함을 누리게 하소서!

지도자들에게 선한 양심을 회복시켜 주소서

1. 세상은 늘 정치적인 일들로 인하여 어수선합니다.
   지도자들부터 선한 양심과 바른 인간성을 회복하게 하소서!
2. 질병으로 인한 서민들의 생활과 당면 문제가 심각합니다.
   위기가 진정되고, 모든 문제들이 속히 해결되게 하소서!
3. 남북분단, 민족분열, 이념분쟁, 정치적 대립이 극심합니다.
   십자가 앞에 부복함으로 하나 되는 역사가 있게 하소서!

고난당하는 민족들과 나라들을 지켜주소서!

1. 사단의 장난이 민족차별과 혐오현상으로 나타나고 있습니다.
   미국과 유럽의 유색인종 차별로 인한 고통을 해결하여 주소서!
2. 미얀마의 군부, 홍콩의 정치적인 탄압이 멈추어지게 하시고
   전쟁과 폭력, 정치적 억압을 당하고 있는 백성들을 구해주소서!
3. 어려운 중에도 주님의 복음을 전하며 하나님 나라를 선포하는
   선교사들의 사역을 위하여 기도하는 교회들을 지켜주소서!

12

경건에 이르도록 연단하라

네가 이것으로 형제를 깨우치면 그리스도 예수의 좋은 일꾼이 되어 믿음의 말씀과 네가 따르는 좋은 교훈으로 양육을 받으리라 망령되고 허탄한 신화를 버리고 경건에 이르도록 네 자신을 연단하라 육체의 연단은 약간의 유익이 있으나 경건은 범사에 유익하니 금생과 내생에 약속이 있느니라 미쁘다 이 말이여 모든 사람들이 받을만하도다 이를 위하여 우리가 수고하고 힘쓰는 것은 우리 소망을 살아 계신 하나님께 둠이니 곧 모든 사람 특히 믿는 자들의 구주시라 너는 이것들을 명하고 가르치라

딤전 4:6–11

1.
거룩한 영광, 회복하게 하소서!

회복되어야 한다.
무엇보다 거룩하신 주님의 영광이 회복되어야 한다.
교회를 함부로 비난하고 폄훼하는 이때이기에
더더욱 교회의 위상과 신뢰를 회복하여야 한다.

하나님께서 지으신 모든 것이 선하다고 하셨고
감사함으로 받으면 버릴 것이 없다는 말씀과 함께(딤전 4:4)
거룩하여지는 비결은 하나님의 말씀과 기도라고 했다(딤전 4:5).
더구나 본문은 이것으로 형제를 깨우치라 명하신다.

말씀과 기도로 깨우침을 받자!
믿음의 말씀!
좋은 교훈으로 양육을 받아야 한다.
그리스도의 좋은 일꾼이 되기 위하여(딤전 4:6).

2.
그리스도 예수의 좋은 일꾼은?

하나님의 말씀과 기도로 거룩하여지고
그것으로 형제들을 깨우치게 하고
자신도 좋은 일꾼으로 섬기는 자가 되어야 하지만
계속적으로 양육을 받는 성도가 되어야 한다.

성경 통독, 일일성경읽기, 성경 암송과 성경 필사까지
교회는 쉼 없이 말씀 훈련을 강조한다.
"아버지를 내 안에 모시자"(요 17:21)라고 구호를 외치지만
이 구호의 구체적인 내용은 "말씀이 내 안에"라는 뜻이다.

좋은 일꾼은 독려하고 권장하는 정도가 아니다.
참여하는 사람이 되고 모범이 되어야 하고
앞장서서 나가는 지도자가 되어야 한다.
먼저 변화된 삶을 보여주어야 한다.

가르쳐 알게 하고, 깨우치고 지키게 하고
보여줌으로 감동을 받게 하고…
이율배반적인 세상 지도자와 다른 좋은 지도자는
함께 배우고, 함께 변화되며, 함께 자라는 것이다.

3.
경건의 훈련에 힘써야 한다.

육체의 연단이 무익하다는 말이 아니다.

사는 날 동안 주님의 영광을 가리는 일이 없도록

건강해야 하고, 잘 살아야 하고

베푸는 삶을 통하여 주님의 뜻을 이루어야 한다.

그러나 경건은 범사에 유익하다.

금생과 내생의 약속이 있다.

육체의 연단이 경건의 훈련에 도움이 되기도 하지만

인생의 목적을 분명히 하여야 한다.

오직 영광, 하나님께!

인생의 목적과 삶의 방향이 분명하려면

망령되고 허탄한 신화를 버려야 한다.

경건은 일시적인 것이 아니라 영원한 것이기 때문이다.

넓은 마음으로 세상을 품고(너비)

끝까지 인내하며 길이 참아야 하며(길이)

범사에 그에게까지 자라는 이상을 가지고(높이)

깊은 영성을 가진(깊이) 일꾼이 되어야 한다(엡 3:19).

4.
홀로 지도자일 수 없음을 알아야 한다.

미쁘신 하나님의 말씀!
모든 사람이 받을 만한 교훈이기에
이를 위하여 수고하고
이를 위하여 힘쓰는 것이 당연한 도리인 것은

우리의 소망이 살아 계신 하나님께 있고
그분이 모든 사람들의 구원자시며
특히 믿는 이들의 주가 되시기 때문이다.
이것을 명하고 가르치는 것이 우리의 본문이다.

그래서 엎드려 기도해야 한다.
사람이 사람의 마음을 바꾸지 못하더라.
한 몸인 남편도, 나의 지체인 아내까지도…
도우심을 받는 하나뿐인 통로는 한 길뿐이더라.

고난당하는 이웃이나 가족들에게도
힘들어 하며 고통 중에 있는 환우들도
좋든 싫든 사회의 각종 지도자들도
모두가 우리의 이웃이며 내가 기도해야 할 대상자들이다.

더 깊이 말씀을 묵상합니다.

🌿 성도 여러분!

하나님은 우리를 그 크신 날개로 업어 구원하셨습니다. 주홍과 같고 진홍과 같은 죄를 그 크신 날개로 덮어주셨습니다. 죽을 수밖에 없는 우리들을 그 크신 날개로 품어주셨습니다. 주님의 십자가는 우리들의 '**날개**'가 되어 주시고, 위험한 일을 피하도록 '**덮개**'가 되어 주시고, 모든 허물을 품어주신 '**품개**'가 되어 주셨습니다. 독수리 날개처럼 힘이 있고, 모든 환난을 면하도록 덮어주시고, 달걀을 품어 병아리가 깨어나듯 우리들의 마음도 하늘만큼 땅만큼 넓은 가슴이었으면 좋겠습니다.

🌿 신학생 여러분!

힘의 근원이 어디에 있는지를 알아야 합니다. 빛이신 그분으로 인하여 생명을 얻고, 치유함을 받고, 새로운 힘을 얻습니다. 우리들은 발광체가 아닙니다. **반사체에 불과합니다.** 우리가 세상의 빛이 되려면 그분의 빛을 받아야 합니다. 세상을 환하게 밝히기 위한 훈련이 필요합니다. 반사체로서의 역할을 감당할 수 있는 깨끗한 거울과 같은 여러분들이 되시기 바랍니다.

🌿 목회자들에게!

교인은 목사의 거울입니다. 성도들은 목회자의 얼굴입니다. 지도자의 모습 그대로입니다. 누워서 침을 뱉지 맙시다. 장로도, 권사, 집사도 나의 자화상입니다. 그래서 경건해야 하고, 거룩해야 합니다. 성도들을 통하여 자신을 깨닫고, 문제가 있으면 그 원인을 나에게서 찾아야 합니다. 그러므로 지도자는 육신의 연습도 게을리하지 않아야 하지만 성도들을 통하여 영적으로 필요한 요소가 무엇인지를 발견하고 끊임없이 훈련하는 일에 힘써야 하는 것입니다.

예수 그리스도의 좋은 일꾼이 되게 하여 주소서!

‘믿음의 말씀’으로 변화를 받으며 양육 받게 하소서!

1. 성경통독과 일일성경읽기 운동에 적극참여하게 하시고
   말씀으로 깨우침을 받아 주님의 좋은 일꾼들이 되게 하소서!
2. 거룩한 영광을 회복하기 위해 하나님의 말씀과 기도로
   거룩해지는 성도들이 되게 하소서!
3. 위기적 상황으로 교회의 프로그램들이 위축되지 않게 하시고
   모든 성도들이 교회를 통하여 좋은 교훈으로 양육 받게 하소서!

주의 고난을 기억함으로 영적으로 새로워지게 하소서

1. 망령되고 허탄한 이야기를 따르지 않게 하시고
   이 기회에 경건의 자리에 이르도록 더욱 힘쓰게 하소서!
2. 육체적인 단련이나 육신적인 일에도 주님의 복을 더해 주시되
   금생과 내생의 약속이 있는 경건훈련에 더욱 노력하게 하소서!
3. 주어진 책임을 다하기 위하여 노력하는 직분자들이 되고
   계속적인 영적훈련으로 나날이 새로워지는 성도 되게 하소서!

고난당하는 이웃들을 위하여 기도합니다.

1. 연로하신 어른들과 환우들, 특히 병원에 입원해 있거나
   수술 후 치유 중이신 분들과 항암 치료를 받는 이들을 위하여…
2. 위정자들과 경제 사회 문화 교육 분야의 지도자들,
   선거에 출마자들과 유권자들, 대한민국 모든 국민들을 위하여
3. 정치적인 혼란으로 어려움을 겪고 있거나 전쟁과 재난으로
   고통 받는 이들과 이들을 위하여 수고하는 선교사들을 위하여

13

전심전력 진보하자

누구든지 네 연소함을 업신여기지 못하게 하고 오직 말과 행실과 사랑과 믿음과 정절에 있어서 믿는 자에게 본이 되어 내가 이를 때까지 읽는 것과 권하는 것과 가르치는 것에 전념하라 네 속에 있는 은사 곧 장로의 회에서 안수 받을 때에 예언을 통하여 받은 것을 가볍게 여기지 말고 이 모든 일에 전심전력하여 너의 성숙함을 모든 사람에게 나타나게 하라 네가 네 자신과 가르침을 살펴 이 일을 계속하라 이것을 행함으로 네 자신과 네게 듣는 자를 구원하리라

딤전 4:12-15

1.

敎會 指導者論

모름지기 지도자는
누구에게나 본이 되어야 한다.
잘 가르쳐야 합니다.
감동을 줄 수 있어야 한다.

사람이 사람을 변화시킬 수 없다.
하나님께서 하시는 일이다.
그래서 지도자에게 언제나 무릎이 필요하고
그들을 이해하는 가슴이 필요하다.

남을 이해하고 품은 마음이 포용이고
그들을 불쌍히 여겨 돕는 마음이 아량이다.
지도자는 옹졸하거나 편협하지 않아야 한다.
바로 예수님의 마음을 가져야 한다(빌 2:5).

2.

人必自侮 然後人侮之

지도자는 업신여김을 받지 않아야 한다.
나이가 많다거나 적다고 해서, 키가 크거나 작다고,
부자이건 가난하건, 지위가 높건 낮건 간에
하등에 업신여김을 받을 이유가 없다.

네 연소함을 업신여기지 못하게 하라는 말씀은
스스로의 자괴감으로 자신을 비하하지 말라는 뜻이다.
내가 내 부모를 업신여기는 데
타인이 나의 부모를 존경하지 않는다.

내 가족이나 나의 직장을 귀히 여기지 않으면
내가 다니는 교회나 나의 직분을 천히 여기면
절대로 남이 그를 높이거나 존경하지 않음을 알고
말과 행동, 믿음과 정절에 본이 되어야 한다.

장로의 회에서 안수 받을 때에 받은 말씀과
그리스도 예수로부터 주어진 은사를 귀히 여김으로
우리 자신의 권위와 신뢰를 스스로 지키지 않으면
그 후에 남들도 그를 업신여기게 될 것이다.

3.

君君臣臣 父父子子

임금은 임금다워야 하고
신하는 신하다워야 한다.
애비는 애비다워야 하고
자식은 자식다워야 한다.

목사는 목사다워야 하고
성도는 성도다워야 한다.
자신에게 주어진 일을 잘 감당하라는 말이다.
직(職)에는 반드시 분(分)이 따르는 법이다.

직분자의 직, 곧 할 일은
읽는 것과 권하는 것과 가르쳐야 하는 임무(分)이다,
곧 책임을 다하라는 말이다.
그래서 교회다운 교회, 성도다운 성도가 되라는 것이다.

우리에게 주어진 직책은 소중한 것이다.
경한(가벼운) 것으로 여기는 일이 없어야 한다.
최선을 다하여 주어진 책임을 다하여야 한다.
자리를 지키는 것이 곧 충성임을 잊지 않도록 하자.

4.

全心 全力 進步

이 모든 일에 전심전력하라고 한다.
마음과 정성을 다하라는 말이다.
이 모든 일은 읽고 권하는, 가르치는 일이다.
그 결과로 성도들이 성숙해진다.

옛 번역에는 전심전력 진보함으로
하나님께 영광을 돌리게 하라는 것으로 보았고
지금 번역은 너의 성숙함을
모든 사람에게 나타나게 하라고 하였다.

성도들이 사람들 앞에서 성숙해지는 것은
하나님께서도 기뻐하시는 일이다.
그러므로 교회 지도자들은 자신과 가르침을 살피되
이 일을 계속하여야 한다는 것이다.

끝 부분을 유진 피터슨은 '메시지'에서 이렇게 번역한다.
"한 눈을 팔지 마십시오. 끝까지 힘을 내십시오.
 그러면 그대는 물론 그대의 말을 듣는 모든 사람들도
 구원을 경험하게 될 것입니다."

더 깊이 말씀을 묵상합니다.

성도 여러분!

흔히 교회 성도들이나 직분자들을 보고 실망했다는 소리를 듣습니다. 맞습니다. 그런 일은 없어야 합니다. 그러나 현실입니다. 교회의 구성원인 성도들도 똑같은 사람들이기 때문입니다. 부족하고 모자라는 사람들이 모인 곳이 교회입니다. 교회는 부족한 사람들이 모여 함께 기도하며 변화를 받는 곳이며 **거룩해져 가는 성도들**의 모임입니다. 나날이 변화받기 위하여 노력할 때 비로소 교회도 좋은 교회, 교회다운 교회가 될 수 있습니다.

신학생 여러분!

교회는 세상을 안고 있습니다. 교회의 지도자들은 더더욱 그래야 합니다. 하나님의 형상을 잃어버린 사람들에게 하나님의 형상을 회복시켜 주어야 합니다. **내가 상대해야 할 사람들은** 천사가 아닙니다. 스스로 옹졸하지 않으리라, 편협하지 않으리라는 다짐이 필요합니다. 예수님보다 더 억울하게 돌아가신 분은 없습니다. 바울처럼 힘들게 사역한 이도 없습니다. 교역자들에게는 이러한 각오가 필요합니다.

목회자들에게!

임금은 임금다워야 하고 신하는 신하다워야 하는 것(君君臣臣 父父子子)처럼, 교회는 교회다워야 하고, 목사는 목사다워야 합니다. **교역자의 긍지가 교회의 힘**입니다. 자신의 교회나 성도들을 업신여기면 이웃도 세상도 똑같이 비웃습니다. 세상이 교회나 성도들을 신뢰하지 않는 이유를 알아야 합니다. 자신을 업신여기는 일이 없기(人必自侮 然後人侮之)를 바라며, 매사에 전심전력한다면 우리의 수고가 결코 헛되지 않을 것입니다(고전 15:58).

전심전력함으로 성숙하게 하소서!

당당한 성도로서의 긍지를 가지게 하소서!

1. 저희들은 주님의 피로 구원받은 하나님의 자녀들입니다.
   당당하게 하시고 주의 백성다운 저희들이 되게 하소서!
2. 심신이 연약하거나 부족하면 주의 영광을 가리게 되오니
   늘 건강하게 지켜주시고, 풍족한 은혜를 베풀어 주소서!
3. 우리 교회와 가정, 직장과 사업 위에 복을 주셔서
   남에게 업신여김을 받는 일이 없도록 지켜 주소서!

우리의 책임을 다함으로 성도답게 하소서!

1. 성도로서, 장로나 권사, 집사로서의 책임을 다함으로
   성도답게, 장로나 권사답게, 집사답게 행하게 하소서!
2. 모든 일의 어머니같은 역할을 감당하는 교회가 되어
   환난 중의 백성들을 아버지 하나님께 인도하게 하소서!
3. 말과 행동, 믿음과 정절에 본이 되는 교회 되게 하시고
   읽는 것과 권하는 것과 가르치는 일에 전념하게 하소서!

전심전력함으로 성장하며 성숙하게 하소서!

1. 마음과 정성을 다하여 기도하게 하고 전도하여
   성장이 중단된 한국 교회가 다시 회복되게 하소서!
2. 세상에 물들지 않고 세속주의 빠지지 않게 하셔서
   세상을 변화시키고, 새롭게 하는 교회들이 되게 하소서!
3. 거룩한 교회와 성도들로 나날이 성숙되어
   신뢰가 회복되고 세상을 주도하는 교회들이 되게 하소서!

14

성도들은 한 가족입니다

늘은이를 꾸짖지 말고 권하되 아버지에게 하듯 하며 젊은이에게는 형제에게 하듯 하고 늘은 여자에게는 어머니에게 하듯 하며 젊은 여자에게는 온전히 깨끗함으로 자매에게 하듯 하라 참 과부인 과부를 존대하라 만일 어떤 과부에게 자녀나 손자들이 있거든 그들로 먼저 자기 집에서 효를 행하여 부모에게 보답하기를 배우게 하라 이것이 하나님 앞에 받으실 만한 것이니라 참 과부로서 외로운 자는 하나님께 소망을 두어 주야로 항상 간구와 기도를 하거니와 향락을 좋아하는 자는 살았으나 죽었느니라 네가 또한 이것을 명하여 그들로 책망 받을 것이 없게 하라

딤전 5:1-7

1.
성도들을 대할 때

지도자는 먼저 자신을 돌아보아야 한다.
그래서 바울도 하나님과의 관계(對神觀)를 논한 다음에
지도자 스스로 갖추어야 할 자세(對我觀)를 이야기하였다.
그리고 이제, 다른 성도들과의 관계(對人觀)를 교훈한다.

신분과 연령이 다양한 교회에서
모두가 만족할 만한 자리에 서야만 하는 목회자는
그들이 입장과 처지에 따라 대처하여야 하므로
누구보다 폭넓은 이해력과 관심이 필요하다.

때로는 충고와 훈계로 교육하지만
때로는 칭찬과 격려로 상대하여야 하나
그 중심에는 언제나 그리스도의 피로 연결된
하늘나라의 가족이라는 사실을 잊지 않아야 한다.

2.
사랑과 온유함으로

모든 그리스도인들은 영적인 가족이다.
하나님을 아버지로 모시고 사는 성도들이다.
잠시잠깐 동안만 교회에 속한 자들이 아니라
영원한 나라까지 동행하게 될 하나님의 백성들이다.

그러므로 권면과 책망이 있다 할지라도
서로를 신뢰하는 마음이 전제되어야 하며
사랑과 온유함으로 권면하여야 한다.
분노는 선을 이루지 못하기 때문이다.

분열과 반목으로 힘들어 하는 교회들이 있다.
실제로 교회의 구성원은 각양각색이다.
아직 가족애(愛)를 느끼지 못하는 구성원들이 있다.
이들에게는 칭찬과 격려가 힘이 된다.

똑같은 교훈과 가르침이라도
내가 먼저 가족이라는 마음으로
사랑과 예의와 겸손함으로
그들을 깨우치고 섬겨야 함을 잊지 않아야 한다.

3.
가족을 대하듯

"늙은이를 꾸짖지 말고 권하되 아버지에게 하듯 하며
젊은이에게는 형제에게 하듯 하고
늙은 여자에게는 어머니에게 하듯 하며
젊은 여자에게는 온전히 깨끗함으로 자매에게 하듯 하라."(딤전 5:1-2)

당연히 노인을 존대하여야 한다.
그들의 경험과 인생사(史)를 존중하여야 하며
어른들을 공경하는 것이 효행의 근본이거니와
형제자매에 대한 사랑 역시 기독교의 기본적 윤리다.

주 너의 하나님을 사랑하듯
네 이웃을 네 몸과 같이 사랑하라는 교훈은
주님께서 직접 우리에게 명하신 계명이거니와
교회 안에서의 성도들이야 더 말할 나위가 없다.

자신을 업신여기지 말라는 교훈을 되새겨 보자.
내가 나의 가족을 업신여기고 가벼이 여긴다면
그 이후 남들도 그를 업신여긴다는 교훈을 통해
같은 교회의 성도라는 가족을 다시 한번 생각해 보자.

4.
참 과부를 존대(尊待)하라.

바울은 목회자가 과부를 대하는 교훈을 유별나게 길게 썼다.
구약시대부터 과부에 대한 교훈은 강조되어 왔다.
초대교회에서도 이 문제에 관한 한 매우 신중했다(행 6:1).
고아와 함께 과부는 약함과 보호의 특별한 대상이었다.

그러나 바울은 과부를 구제의 대상으로만 보지 않는다.
옛 번역에는 '존대'하라는 극존칭을 썼음에 유의하라.
성경은 단순히 홀로 된 여인을 '과부'라고 부르지 않았다.
교회 여성 지도자로서의 특별한 지위를 가졌던 것이다.

과부의 구체적인 자격은 다음 과에서 계속 논하겠거니와
베드로가 다락방에서 다시 살린(행 9:36 하) 과부 다비다는
선행과 구제와 봉사로 모든 성도들이 존경을 받는
모범적인 여성 지도자라는 사실이 이를 입증한다.

과부에 대한 존경은 가정에서부터 시작되어야 한다.
그러므로 자녀와 손자들에게 교훈이 뒤따르고 있다.
그들로 먼저 자기 집에서 효를 행하게 하라고 하며
부모에게 보답하는 자세부터 배우게 하라고 권면한다.

더 깊이 말씀을 묵상합니다.

성도 여러분!

성도는 가족이기에 **교회 어르신들을 보면** 나의 부모처럼 여기라고 교훈합니다. 물론 시부모님이 친정부모보다 더 다정하시고 친근하신 분들도 많습니다. 형제자매도 마찬가지입니다. 목사가 제일 속상해 하는 것은 시부모와 같은 교회 다니다 보니 교회 어른들이 다 시댁식구처럼 보여서 친정교회로 가겠다고 하는 것입니다. 그런데 더 힘든 일은 쟤들이 친정교회 목사님이 더 좋다고 하니 우리 교회 목사님이 각성해야 한다고 항의하는 시부모님들 때문입니다.

신학생 여러분!

크든 작든 사람들은 자기 나름대로 자신의 행동을 합리화시키기를 좋아합니다. 그러나 목회자는 **함구하고 있어야 할 때가 많습니다.** 억울하고 답답하다고 해서 그것을 해소하려고 하다가 성도들이 다치게 될 경우가 더 많기 때문입니다. 종들은 자기 체면을 내세우는 자들이 아닙니다. 그래서 주의 뜻을 새겨듣는 법을 배워야 합니다. 그때마다 하나님과의 은밀한 시간을 가질 뿐입니다.

목회자들에게!

어떤 일이 있어도 인간적인 방법으로 해결하려고 하면 오히려 일이 더 커지고 복잡해지는 경우가 많습니다. 영적인 일은 영적인 방법으로 해결하여야 합니다. 남에게 보이지 않는 곳에서 기도할 수 있는 골방이 필요하고 말씀을 통하여 주의 음성을 들을 수 있는 공부방도 있어야 하지만 성도들과 목회자들 간에도 함께 어울리며 교제할 수 있는 사랑방이 필요합니다. 목회자는 수시로 **목회의 삼 방(골방, 공부방, 사랑방)을 점검해야** 합니다.

영적으로 한 가족인 성도들을 위하여 기도합니다.

사랑으로 하나 된 우리 교회가 되게 하소서!

1. 모든 성도들이 아버지와 같고, 어머니와 같아서
   서로 믿고 의지하며 한 가족이 되어 기도하게 하소서!
2. 모든 자녀들을 나의 자녀들처럼 여기고 기도하게 하시고
   성도들의 어려움을 나의 문제처럼 여겨 도와주게 하소서!
3. 부모와 형제자매로 여기고 수고하며 돌보는 직분자들과
   종들을 위하여 기도하고 협력하는 성도들이 되게 하소서!!

모든 교회의 성도들이 가족 같게 하소서!

1. 분열과 반목으로 어려움을 겪는 교회들이 있습니다.
   속히 하나가 되어 교회들의 문제가 해결되게 하소서!
2. 다른 교회의 비리로 또 다른 교회가 고통을 겪습니다.
   모든 교회들이 다 거룩한 말씀으로 하나 되게 하소서!
3. 유행과 전염병으로 힘들어 하는 교회들이 너무나 많습니다.
   주께서 함께하심으로 서로 힘이 되어 회복되게 하소서!

어렵고 힘드신 분들을 위하여 기도합니다.

1. 고아와 과부와 어려운 이웃과 함께하라고 하신 주님!
   환우들과 경제적인 고통을 겪고 있는 자들을 도우시고
2. 마음의 상처와 가정의 불화와 자녀들의 문제로
   힘들어 하는 성도들과 이웃들을 치유하여 주시옵소서!
3. 신앙이나 사업의 문제로 기도하는 성도들을 돌아보시고
   참 평강과 형통함으로 해결되는 역사를 보게 하소서!

15

참 과부가 되라

누구든지 자기 친족 특히 자기 가족을 돌보지 아니하면 믿음을 배반한 자요 불신자보다 더 악한 자니라 과부로 명부에 올릴 자는 나이가 육십이 덜되지 아니하고 한 남편의 아내였던 자로서 선한 행실의 증거가 있어 혹은 자녀를 양육하며 혹은 나그네를 대접하며 혹은 성도들의 발을 씻으며 혹은 환난 당한 자들을 구제하며 혹은 모든 선한 일을 행한 자라야 할 것이요 젊은 과부는 올리지 말지니 이는 정욕으로 그리스도를 배반할 때에 시집가고자 함이니 처음 믿음을 저버렸으므로 정죄를 받느니라 또 그들은 게으름을 익혀 집집으로 돌아다니고 게으를 뿐 아니라 쓸데없는 말을 하며 일을 만들며 마땅히 아니할 말을 하나니 그러므로 젊은이는 시집 사서 아이를 낳고 집을 다스리고 대적에게 비방할 기회를 조금도 주지 말기를 원하노라 이미 사탄에게 돌아간 자들도 있도다 만일 믿는 여자에게 과부 친척이 있거든 자기가 도와주고 교회가 짐지지 않게 하라 이는 참 과부를 도와주게 하려 함이라

딤전 5:8-16

1.
내가 참 과부다.

홀로 사는 여자를 과부라고 한다.
누구든 인간적인 욕정을 가지고 있다.
이를 잘 다스리는 자라야 참 과부가 되며
신랑 되신 주님의 뒤를 따르는 자라야 한다.

과부에게도 자녀나 손자, 가족이 있다(딤전 5:4).
그래서 자기 친족, 특히 자기 가족을 이야기하며
믿음을 배반하거나 불신자보다 악하지 않으려면
자기 가족부터 돌보라고 권면한다(딤전 5:8).

무엇보다 참 과부의 자격을 논하는 중에(딤전 5:10)
분명히 구제할 이웃이 등장한다.
따지고 보면 우리 모두가 다비다와 같은 참 과부가 되어
선행과 구제하는 일에 힘쓰며(행 9:36) 살아야 한다.

2.
참 과부라야 하는가?

'나처럼 혼자 사는 것도 좋다'던(고전 7:26, 38-40) 바울은
사실 독신주의자도 비혼(非婚)주의자도 아니다.
그래서 "결혼하는 자도 잘하거니와
결혼하지 않는 자도 더 잘하는 것이니라"고 선언한다(고전 7:38).

참 과부의 조건은 나이가 육십이 넘어야 한다(딤전 5:9).
젊은 과부는 아직 참 과부의 명단에 올릴 수가 없다.
그러나 참 과부로서의 자신이 없다면
시집가서 아이를 낳고 잘 살아야 한다고 권한다(딤전 5:14)

바울은 정욕을 다스리지 못하고 게으르며
집집이 돌아다니며 쓸데없는 말을 하며
일을 만드는 것을 경계한다(11, 13절).
대적에게 비방할 거리를 주지 말라는 것이다.

'젊은 과부'라는 말 대신 '젊은이'라 불렀다(14절).
이는 넌지시 가정에 충실할 수 있는 재혼을 권하는 말이다.
대적들에게 교회 비난의 빌미를 주지 않기 위해서다.
본문의 대적은 사단이 아니고 비방자를 일컫는 말이다.

3.

참 과부의 자격

한 남편의 아내였던 자라야 하며
예순의 나이를 넘겨야 한다.
선한 행실의 증거가 있어야 하고
자녀를 양육하는 자라야 한다.

나그네를 대접하며
성도들의 발을 씻기며
환란당한 자를 구제하며
모든 선한 일을 행한 자라야 한다.

가정을 알고, 자녀 양육의 경험이 있고
구제하고 봉사하고 섬기고 선한 일에 힘쓰고…
신랑 되신 예수님을 먼저 천국으로 보낸 성도들이므로
영적인 참 과부란 그리스도인을 지칭한다.

영적으로 깨어 기다리는 영적인 과부들!
주님을 깨어 기다리던 84세의 안나는(눅 2:36-38)
결혼 후 7년을 남편과 함께 살았고
성전에서 주야로 금식하며 기도하던 참 과부였다.

4.
믿는 여자에게 과부 친척이 있거든

하필이면 "믿는 여자에게"라고 했을까?(16절)
모스코 사본에는 "믿는 남자와 여자"로 되어 있다고 한다.
모든 교회가 이들을 존대하며 도와야하기 때문이다.
그러나 대부분의 사본은 우리의 번역판으로 되어 있다.

이미 "자기 친족, 특히 자기 가족"을 강조한 바울이다.
"교회가 짐지지 않게 하라!"는 말씀이 중요하다.
교회는 부양해 줄 가족이 없는 이들을 돌보아야 한다.
홀로 된 부모나 가족들을 돌보는 일은 가정의 일이다.

가족이나 친척 간에도 지켜야 할 윤리가 있다.
구태여 과부를 돌보는 일을 '믿는 여자'에게 명한 이유를
이 시대의 도덕적·윤리적 상황을 고려하면
얼마나 신중한 배려인가를 다시 한번 생각하게 된다.

하나님의 거룩한 영광을 회복하기 위하여
성도 한 사람 한 사람이 참 과부가 되어야 하고
가족들과 과부된 자들을 돌아보아야 하며
교회가 무엇을 보여주어야 할 것인가를 기억해야 한다.

더 깊이 말씀을 묵상합니다.

🌿 성도 여러분!

아픔과 고통을 대신할 자가 없습니다. 아픔은 혼자 겪는 어려움입니다. 가족을 잃고 슬퍼하는 이웃이나 홀로 된 상황에서 느끼는 고독은 더욱 힘든 일들입니다. **내가 이 땅에 존재하는 이유**는 몸부림치는 이웃을 위한 것입니다. 성경에서 말하는 참 과부란, 이런 일들을 체험한 사람이라는 뜻입니다. 이웃을 위하여 우리가 해야 할 일이 무엇인지 확인해 봅시다. 구제와 봉사, 그리고 복음 전도를 위하여!

🌿 신학생 여러분!

종종 어른스럽다는 말을 듣는 경우가 있습니다. 어른스럽다는 말은 어른이 아니지만 어른과 같다는 말입니다. 그러나 간접 경험으로는 한계가 있습니다. 그래서 하나님은 때때로 우리를 훈련하시고 연단하십니다. 같은 상황이라도 **긍정적인 사람**이 극복할 수 있습니다. 불평과 불만과 부정적인 사고방식으로 좋은 결과를 얻기가 어렵습니다. 할 수 있다, 하면 된다는 생각으로 도전하는 이들이 성공적인 결과를 얻습니다.

🌿 목회자들에게!

"네 양 떼의 형편을 부지런히 살피며 네 소 떼에게 마음을 두라."(잠 27:23) 목회현장에는 언제나 유혹이 난무합니다. 욕심을 피우지 않아도, 다른 마음을 품지 않았어도 목회자의 긍휼과 자비심을 자극하면 그냥 보아 넘길 수 없는 일들도 많습니다. 당연히 도와야 하고 참여해야만 할 일들이 있습니다. 목장의 양 떼들을 위해서 그래야 한다는 생각이 들 때도 많습니다. 그러나 마음을 다잡아야 합니다. **소탐대실(小貪大失)**은 바둑판에서만 생기는 일이 아니기 때문입니다.

영적인 참 과부들이 되어 교회를 위해 기도하게 하소서!

어려움 중에 있는 고독한 이웃을 위해 기도합니다.

1. 함께 할 이웃, 도와줄 가족이 없는 고독한 이들이 있습니다.
   주께서 그들과 함께 하심으로 외롭지 않게 하여 주소서!
2. 가족이 있고, 이웃이 있어도 말 못할 일들을 마음에 품고
   힘들어하는 이들에게 새 힘을 주시고 기도에 응답하소서!
3. 육신의 질병으로 인하여 받는 고통을 대신할 자가 없습니다.
   주님만이 해결하실 수 있사오니 속히 치유하여 주소서!

영적인 고아와 과부들을 위하여 기도합니다.

1. 오늘날 교회가 감당해야 할 일들을 잘 감당하여
   세상으로부터 신뢰를 회복하고 하나님께도 인정받게 하소서!
2. 구제와 봉사를 통하여 세상을 섬기는 빛이 되는 교회가 되어
   영적으로 고아와 과부된 자들에게 복음의 문이 열리게 하소서!
3. 세상에서 실추된 교회의 명예를 회복하게 하시고
   위기가 주님의 영광을 크게 드러내는 기회가 되게 하소서!

가정과 가족을 돌보는 참된 과부들이 되게 하소서

1. 짐이 되지 않고 교회를 더 잘 섬기는 가정과 가족이 되어
   참 과부로서의 역할을 감당하는 성도들이 되게 하소서!
2. 사업이 형통하고 물질적으로 풍족한 복을 주셔서
   참 과부들을 돕고 가정적으로도 어려움이 없게 하소서!
3. 신앙이나 가족 친척들 간의 당면한 문제들이 해결되므로
   언제나 천국 같은 삶을 누리는 인간관계가 되게 하소서!

16

존경받는 장로

잘 다스리는 장로들은 배나 존경할 자로 알되 말씀과 가르침에 수고하는 이들에게는 더욱 그리할 것이니라 성경에 일렀으되 곡식을 밟아 떠는 소의 입에 망을 씌우지 말라 하였고 또 일꾼이 그 삯을 받는 것이 마땅하다 하였느니라 장로에 대한 고발은 두세 증인이 없으면 받지 말 것이요 범죄한 자들을 모든 사람들 앞에서 꾸짖어 나머지 사람들로 두려워하게 하라 하나님과 그리스도 예수와 택하심을 받은 천사들 앞에서 내가 엄히 명하노니 너는 편견이 없이 이것들을 지켜 아무 일도 불공평하게 하지 말며 아무에게나 경솔히 안수하지 말고 다른 사람의 죄에 간섭하지 말며 네 자신을 지켜 정결하게 하라 이제부터는 물만 마시지 말고 네 위장과 자주 나는 병을 위하여는 포도주를 조금씩 쓰라 어떤 사람의 죄는 밝히 드러나 먼저 심판에 나아가고 어떤 사람들의 죄는 그 뒤를 따르나니 이와 같이 선행도 밝히 드러나고 그렇지 아니한 것도 숨길 수 없느니라

딤전 5:17-25

117

1.
어른(장로)들에 대한 교훈

바울은 이미 장로의 자격을
감독이라는 이름으로 교훈하였다(딤전 3:1-7).
재차 장로에 대하여 논의하는 것은
어른들에 대한 대우와 그에 따른 부탁이다.

장로라는 말 대신 공동번역은 '원로'라 하였으나
유진 피터슨은 '일 잘하는 지도자'로 보았다.
그는 설교하고 가르치는 일에 힘쓰는 자에게는
당연히 보수를 지급해야 하는 것으로 해설한다.

어른을 고발하는 일은 정말 신중해야 하고
죄가 있다면 타인에게 경고가 되게 하는 것이며
지도자 스스로 공범자가 되지 않게 해야 하며
자신의 건강을 챙기는 것도 중요함을 교훈한다.

2.
어른(장로)들을 대접하라.

어른들을 잘 대접하는 것은 당연하다.
치리하는 장로(Ruling Elder)도 그렇지만
가르치는 장로(Teaching Elder)에 대해
초대교회부터 물질적 예우는 극진했다.

일하는 소의 입에 망을 씌우지 말라는 교훈은
"일꾼이 그 삯을 받는 것이 마땅하다"는 것인데
이 시대에는 때때로 드러나는 문제들을 핑계로
말씀의 기본이 흔들리는 것은 안타까운 일이다.

더구나 지도자의 정죄에 대해서 신중해야 한다.
미치는 영향력이나 충격이 너무 크기 때문이다.
그래서 고발에 대해서도 확실한 증인이 요구되고
무리들 앞에서 죄를 꾸짖는 것은 재발방지 때문이다.

감정으로 죄인 취급을 하고 죄를 다스리게 되면
또 다른 문제들을 유발하게 되는 세상을 보면서
지도자들도 삶이나 사역 중에도 언행을 조심하고
따르는 이들도 근거 없는 낭설을 주의해야 한다.

3.
지도자로서의 신중함을 권면함

지도자를 대하는 성도들의 자세만큼이나
어른도 당당함에 따르는 신실함이 필요하다.
바울 스스로도 아들인 데모데이지만
하나님, 예수님, 천사들을 거명하며 권면한다.

치우치거나 편견을 가지는 일이 없도록 하라.
아무에게나 경솔하게 안수하지 말라.
성급하게 세워서 어려움을 겪는 교회가 많은 만큼
지도자의 선택을 신중하게 하라는 말이다.

지금도 종종 일어나는 일들을 보면
다른 사람의 죄에 대해 간섭하거나 참견함으로
타인의 죄를 뒤집어쓰거나 부지중에 공범자가 되므로
교인들에게까지 힘들게 하는 일들이 있기 때문이다.

성결한 삶이 목회자에게 능력이 되고
세상보다는 순수한 희생이 목회의 생명이라 하나
깨어서 기도하고 사소한 일이라도 주의하지 않으면
자신보다 교회에 누가 됨을 잊지 않아야 한다.

4.
지도자의 개인적인 건강과 삶

믿음으로 극복하고 기도하는 삶이 가장 중요하지만
필요하면 의학적인 처방과 약을 사용하여야 한다.
하나님께서는 창조 때부터 만드신 그 자연 가운데
온갖 치료제와 영양제를 잔뜩 숨겨 놓으셨다.

사람에게 지혜를 주셔서 찾아내게 하시기도 하지만
요리하고, 조제하고, 복용의 원리까지 가르쳐 주셨다.
"물만 마시지 말고 … 포도주를 조금씩 쓰라."
네 위장과 자주 나는 병에도 좋은 약이 될 것이다.

스스로의 선행을 포기하지 말라는 교훈도 덧붙인다.
물론 어떤 사람은 죄가 드러나 심판을 받고
어떤 사람의 죄는 숨겨져 있으나 나중에 드러나듯이
선행도 이와 같이 숨겨지지 않는다는 말이다.

"우리가 선을 행하되 낙심하지 말지니
 포기하지 아니하면 때가 이르매 거두리라."(갈 6:9)
누가 알아주지 않아서 억울해하는 경우가 없지 않다.
하나님 앞에서 낙심하거나 좌절하는 일이 없기를 바란다.

더 깊이 말씀을 묵상합니다.

🌿 성도 여러분!

믿음과 기도는 아무리 강조하여도 지나침이 없습니다. 그러나 하나님은 과학이나 문화나 학문이라는 이름으로 세상적인 지혜와 지식을 주셨습니다. **세상 일도 중요합니다.** 이러한 일들을 세속적이라는 이름으로 무시하는 일이 없어야 합니다. 감사하는 마음으로, 하나님께서 주신 학문이나 명예, 혹은 부(富)인 줄 알고 감사함으로 누리거나 사용할 줄 알아야 합니다. 그래서 바울도 디모데에게 "그대의 병을 위하여 포도주를 조금씩 쓰라"(딤전 5:23)고 권면하고 있는 것입니다.

🌿 신학생 여러분!

목사이기 이전에 성도가 되어야 하고, 성도이기 이전에 사람이 되라는 교훈을 기억합시다. 인간의 윤리와 도덕도 하나님께서 주신 것입니다. 비록 성도라 할지라도 최소한의 인간적인 양심과 예의를 갖추어야 합니다. 특별히 주일을 성수하고(1/7), 소득의 십일조를 드리며(1/10), 복음을 증거하고(1/100), 봉사의 일에 힘쓰는 것은(1/1000) 성도로서의 **최소한의 의무입니다.**

🌿 목회자들에게!

영적인 지도자는 영안(靈眼)이 밝아야 합니다. 영적으로 깨어 있어야 합니다. 그러나 **식견도 풍부해야 합니다.** 그래서 목사도 인문학을 배워야 한다는 이야기를 하신 분들도 있습니다. 기도와 성경연구에도 몰두해야 하지만 목사가 평생 동안 공부해야 하는 이유도 아마 '식견'이라고 불리는 지안(智眼)의 문제일 것입니다. 그러나 바울이 '포도주를 쓰라'(딤전 5:23)는 교훈이나 야고보가 '기름을 바르며 기도하라'(약 5:14)는 권면도 같은 의미일 것입니다.

어른을 공경하고, 스스로 좋은 어른들이 되게 하소서!

어른들과 모든 지도자들을 위하여 기도합니다.

1. 어른들을 공경하고, 그들의 경륜과 경험을 거울삼아 따름으로
   이 시대의 난관을 극복하고 이겨나가는 지혜를 주소서!
2. 영적 지도자인 목사님들과 교인의 대표로서 우리들을 보살피는
   장로들을 배나 존경하며, 위하여 기도하는 저희들이 되게 하소서!
3. 나라와 민족, 직장과 사회의 지도자들을 위하여 기도합니다.
   하나님을 공경하며 그 경륜에 순종하는 지도자들이 되게 하소서!

우리 자신과 교회의 위상을 위하여 기도합니다.

1. 이 시대의 지도적 역할을 감당하는 교회들이 되게 하시며
   영적인 권위와 세상으로부터 신뢰 받는 교회가 되게 하소서!
2. 세상의 빛과 소금이 되는 성도들이 되도록 복을 주시되
   사회에서도 지도자적인 역할을 감당하는 성도들이 되게 하소서!
3. 우리 스스로 좋은 어른들이 되고 지도자가 될 수 있도록
   건강과 물질과 지혜와 지식과 지위와 능력을 주시옵소서!

세상의 본이 되는 가정과 가족이 되도록 기도합니다.

1. 주님의 정결한 피로 우리의 가정과 가족을 성결하게 하시고
   하나님의 거룩한 능력이 나타는 성도들이 되게 하소서!
2. 부활하신 주님의 권능으로 믿음의 백성들을 지켜주셔서
   세상이 송사에 휘말리거나 억울 일을 당하지 않게 하소서!
3. 보내주신 성령님이 언제나 저희들과 함께 하시므로
   늘 승리하게 하시고 더욱더 선한 일에 힘을 쏟게 하소서!

17

자족하는 마음으로

무릇 멍에 아래에 있는 종들은 자기 상전들을 범사에 마땅히 공경할 자로 알지니 이는 하나님의 이름과 교훈으로 비방을 받지 않게 하려 함이라 믿는 상전이 있는 자들은 그 상전을 형제라고 가볍게 여기지 말고 더 잘 섬기게 하라 이는 유익을 받는 자들이 믿는 자요 사랑을 받는 자임이라 너는 이것들을 가르치고 권하라 누구든지 다른 교훈을 하며 바른 말 곧 우리 주 예수 그리스도의 말씀과 경건에 관한 교훈을 따르지 아니하면 그는 교만하여 아무것도 알지 못하고 변론과 언쟁을 좋아하는 자니 이로써 투기와 분쟁과 비방과 악한 생각이 나며 마음이 부패하여지고 진리를 잃어 버려 경건을 이익의 방도로 생각하는 자들의 다툼이 일어나느니라 그러나 자족하는 마음이 있으면 경건은 큰 이익이 되느니라 우리가 세상에 아무것도 가지고 온 것이 없으매 아무것도 가지고 가지 못하리니 우리가 먹을 것과 입을 것이 있은즉 족한 줄로 알 것이니라 부하려 하는 자들은 시험과 올무와 여러 가지 어리석고 해로운 욕심에 떨어지나니 곧 사람으로 파멸과 멸망에 빠지게 하는 것이라 돈을 사랑함이 일만 악의 뿌리가 되나니 이것을 탐내는 자들은 미혹을 받아 믿음에서 떠나 많은 근심으로써 자기를 찔렀도다

딤전 6:1-10

1.
공경할 자를 공경하라.

종이 상전을 공경하라는 교훈은
노예제도가 정당하다는 것이 아닙니다.
현존하는 제도 안에서 성도들일수록
지켜야 할 질서가 있다는 사실을 이야기합니다.

우리 조상들도 삼강오륜을 통하여
도리와 윤리와 질서를 가르쳐왔습니다.
우리의 아름다운 문화와 전통이며
대부분 성경의 교훈과도 일치합니다.

안타깝게도 이 모든 것이 허물어져 가고 있으니
이제는 그리스도인들이 나설 때가 되었습니다.
세상적인 도덕과 섬김의 도리와 질서까지도
모두가 하나님께서 주신 것이기 때문입니다.

2.
바른 교훈을 따르지 아니하면

믿음 안에서 바른 교훈을 가르치고 따라야 합니다.
더구나 믿는 상전이라면 주 안에서 형제요 자매입니다.
그러므로 서로 가벼이 여기지 않아야 합니다.
서로의 유익과 사랑을 나누어야 합니다.

다른 교훈을 가르치거나
우리 주님의 교훈을 따르지 아니하면
그는 무지하고 교만한 자일 것입니다.
변론과 언쟁만을 좋아하는 자임이 분명합니다.

이러한 사람들은 마음이 부패하여지고
진리를 잃어버리게 됩니다.
경건을 이익의 수단으로 생각합니다.
결국 이 일로 큰 다툼이 일어나게 됩니다.

성경의 진리를 떠난 이단과 거짓 교사들은
자기 자랑만을 일삼는 교만한 자들로
사람들의 칭찬과 박수 받는 일에만 몰두함으로
물질적인 착취와 부의 축적에만 전력함을 봅니다.

3.
자족함을 배우라.

이러한 유혹에도 넘어가는 일이 없어야 하지만
혹시라도 지도자들은 스스로 자신을 경계해야 합니다.
경건한 삶, 자족하는 마음이 있으면
큰 유익이 있음을 잊지 않아야 합니다.

무엇보다 하나님 앞에서의 자족이어야 합니다.
기독교는 금욕주의적인 신앙이 아닙니다.
무조건적인 무소유를 이야기하는 것이 아닙니다.
하나님 앞에서의 자족함이란 감사하는 마음입니다.

우리가 세상에 아무것도 가지고 온 것이 없습니다.
또한 아무것도 가지고 가지 못합니다.
그런데 먹을 것과 입을 것이 있으니
스스로 족한 줄 알고 감사하는 마음을 갖자는 것입니다.

물론 재물이 경건 생활에 방해가 될 때도 있습니다.
그러나 역사적으로 재물이나 지식이나 재능으로
거룩하신 주님의 사업을 위하여 헌신한 분들도 많습니다.
소유 자체가 목적이 아니라 어떻게 쓰느냐가 중요합니다.

4.
지나친 욕심이 올무가 되지 않게 하라.

무엇이든 지나치면 문제가 됩니다.
누구에게나 소유의 본능은 다 가지고 있습니다.
그러나 부자가 되어야겠다는 욕심으로 인하여
시험과 올무에 빠지게 되는 것이 문제입니다.

추구하는 목적이 물질이 되고 보면
이웃에 대한 착취와 부당한 이익을 탐하게 되고
그 결과 어리석고 해로운 욕심에 빠지게 되고
결국 기다리는 것은 파멸과 멸망입니다.

자족함이 없는 재물의 추구는 더 큰 갈증을 일으킵니다.
다른 사람들을 이기적 욕구의 경쟁자로 만듭니다.
본인에게도 염려와 걱정과 불안을 초래하게 합니다.
영혼의 눈이 어둡게 되면 하나님과의 관계도 단절됩니다.

돈을 사랑함이 일만 악의 뿌리가 된다는 교훈은
물질을 삶을 위한 건전한 수단으로 사용하라는 말입니다.
생명을 구원하고 이웃 사랑의 실천도구로 쓰라는 뜻입니다.
주님의 영광을 거룩하게 사용하는 물질이 되게 하라는 것입니다.

더 깊이 말씀을 묵상합니다.

성도 여러분!

작은 것에도 감사하는 자가 큰 것을 얻습니다. 그래서 스펄전은 별빛을 보고 감사하면 달빛을 주시고, 달빛을 보고 감사하면 햇빛을 주신다고 했습니다. 받고도 불평과 불만을 하는 자들에게는 있어도 주기 싫지만 늘 감사하는 자녀들을 보면 더 주고 싶어도 없어서 그렇지 더 많이 주고 싶지요? 그러나 하나님은 없어서 못 주시는 분이 아니십니다. **자족하는 마음으로** 늘 감사하는 성도들이 되어야 합니다.

신학생 여러분!

차원이 높아질수록 시험은 더 어렵습니다. "온전하고 구비하여 조금도 부족함이 없게"(약 1:4) 하시려는 주님의 의도를 알아야 합니다. '환난' 을 의미하는 tribulation은 '알곡을 빻거나 추수하는 탈곡기'를 의미하는 'tribulum'이라는 라틴어에서 유래된 단어 입니다. **연단이 온전함을 이룹니다.** 어려움을 겪는다고 해서 중도에 포기하는 일도 없어야 합니다. 참된 기쁨으로 고난을 이김으로 오히려 알곡과 같은 일꾼들이 되시기 바랍니다.

목회자들에게!

"먹음직도 하고 보암직도 하고 지혜롭게 할 만큼 탐스럽기도 한"(창 3:6) 유혹은 목회자들에게도 있습니다. "육신의 정욕과 안목의 정욕과 이생의 자랑"은 아버지께로부터 온 것이 아니요, 세상으로부터 온 것이라고 하였습니다(요일 2:16). 자신으로 끝나는 문제가 아니라 성도들과 교회에 미치는 영향이 크기 때문에 선배들은 언제나 **삼대 유혹(이성, 돈, 명예)을 조심하라고** 가르쳤던 것입니다.

도덕성 회복과 바른 물질관을 갖게 하소서!

🌿 사회의 질서와 도덕성 회복을 위해 기도합시다.

1. 윤리와 상식이 무너지고, 양심이 사라져 가고 있는 시대입니다.
   이 땅에 도덕과 질서, 하나님의 나라와 공의가 회복되게 하소서!
2. 지도자들의 권위와 도덕성이 허물어져 가고 있는 현실입니다.
   하나님을 두려워하며, 자신의 사명이 무엇인지를 깨닫게 하소서!
3. 온 나라와 세계가 코로나 위협으로 큰 어려움을 겪고 있습니다.
   모든 민족이 자신들의 죄와 영적인 타락에서 돌아서게 하소서!

🌿 진리와 바른 교훈의 선포를 위하여 기도합시다.

1. 모든 교회와 성도들이 자신이 책임을 깨닫게 하시고
   진리와 바른 교훈으로 세상을 깨우칠 수 있게 하소서!
2. 이단과 거짓 교사들이 이 땅에서 사라지게 하시고
   분열과 다툼이 없는 신앙공동체로 거듭나게 하소서!
3. 잃어버린 교회의 신뢰감이 다시 회복되게 하시고
   하나님과 세상으로부터 인정받는 교회들이 되게 하소서!

🌿 자족하는 마음과 바른 물질관을 위해 기도합시다.

1. 성도들에게 물질적인 복과 풍요함을 허락하여 주시고
   물질만을 사랑하거나 이에 사로잡히지 않게 하소서!
2. 하나님께서 주신 복과 물질에 대하여 감사하게 하셔서
   자족하는 마음으로 인하여 더 큰 복을 누리게 하소서!
3. 불평과 불만이 사라지게 하시고 주신 것으로 자족하며
   생명 구원과 이웃 사랑을 위해 헌신된 종들이 되게 하소서!

18

너 하나님의 사람아

오직 너 하나님의 사람아 이것들을 피하고 의와 경건과 믿음과 사랑과 인내와 온유를 따르며 믿음의 선한 싸움을 싸우라 영생을 취하라 이를 위하여 네가 부르심을 받았고 많은 증인 앞에서 선한 증언을 하였도다 만물을 살게 하신 하나님 앞과 본디오 빌라도 앞에서 선한 증언을 하신 그리스도 예수 앞에서 내가 너를 명하노니 주 예수 그리스도께서 나타나실 때까지 흠도 없고 책망 받을 것도 없이 이 명령을 지키라 기약이 이르면 하나님이 그의 나타나심을 보이시리니 하나님은 복 되시고 유일하신 주권자이시며 만왕의 왕이시며 만주의 주시오 오직 그에게만 죽지 아니함이 있고 가까이 가지 못할 빛에 거하시고 어떤 사람도 보지 못하였고 또 볼 수 없는 이시니 그에게 존귀와 영원한 권능을 돌리지어다 아멘

딤전 6:11-16

1.
부르심을 받았으니

감히 나로서는 근접도 할 수 없는 그분이신데
부족하고 연약하고 흠이 많은 나를 부르시고
감당하기에도 벅찬 칭호까지 붙여주셨다.
"너 하나님의 사람아!"

그리고 말씀하신다.
"이것들을 피하라."(11절)
"이것들을 따르라."(11절)
"믿음의 선한 싸움을 싸우라 영생을 취하라."(12절)

하나님 앞과 그리스도 예수 앞에서!
그만큼 지엄하신 명령이심을 강조한다.
"우리 주 예수 그리스도께서 나타나실 때까지
흠도 없고 책망 받을 것도 없이 이 명령을 지키라."(14절)

2.
이것들을 피하고, 이러한 것을 따르라.

모세나 다윗, 엘리야와 같은 이들에게만 쓰던 호칭을
신약시대에는 예수를 주로 고백한 모든 성도들에게
모두 그렇게 부르게 되었으니
"너 하나님의 사람아!"

변론과 언쟁을 피하고
투기와 분쟁과 비방과 악한 생각에서 떠나
자족하는 마음으로 경건에 이르기를 힘쓰는 일은
너무나 당연한 것이라는 말이다(딤전 6:4).

하나님의 사람, 하나님의 백성으로서
신실하신 주의 명령을 따르는 성도들이 되어야 한다.
의와 경건과 믿음으로 살아야 하며
사랑과 인내와 온유함으로 이웃을 대하여야 한다(11절).

똑같은 세상에서 똑같은 옷을 입고
누구나 똑같은 음식을 먹고 사는 우리들이라 하나
구별된 사람으로서의 성도라고 하면
피할 것과 따를 일을 바르게 분별하는 일일 것이다.

3.
믿음의 선한 싸움을 싸우라.

분쟁과 다툼을 피해야 할 우리들이지만
바울은 디모데에게 독특한 싸움을 독려한다.
그의 유언이라고 할 수 있는 디모데후서 4장 7절에서도
본문의 6장 12절에서도 '선한 싸움'을 강조한다.

바울이 말하는 선한 싸움은
이웃과의 싸움이나 다툼이 아니다.
운동 경기에 비유하고 있지만
이 전쟁은 사단과의 전쟁이자 영적인 전투이다.

하나님의 사람은
믿음의 싸움에서 승리하여야 한다.
영생을 취하기 위한 싸움이기 때문이다.
이를 위하여 부르심을 받았기 때문이다.

바울이 씨름에 비유하면서 강조한 이 싸움은
악한 영들에 맞선(엡 6:12) 믿음을 지키는 싸움이요,
의의 면류관을 향하여 나아가야 할 전투이므로(딤후 4:7)
하나님의 전신갑주가 필요한 것이다(엡 6:11-17).

4.

기약이 이르면

이것을 피하고 저것을 따르라는 명령은
선한 싸움을 싸우고 영생을 취하라는 명령과
지엄하신 하나님 앞에서의 강한 권면이기도 하나
하나님의 사람으로서의 당연한 의무이기도 하다.

기약이 이르면
복 되시고 유일한 주권자이시며
만왕의 왕과 만주의 주로서
친히 나타나 보이실 것인데

어떤 사람도 보지 못하였고
어느 누구도 볼 수 없는 그분에게
존귀와 영원한 권능을 돌리며
그 앞에 서게 될 것을 생각한다면

우리 주 예수 그리스도께서 나타나실 그때까지
흠도 없고 책망 받을 것도 없도록
주께서 증언하신 증거를 증언하라는 이 명령을
지켜야 함은 너무나 당연하고도 분명한 것이리라.

더 깊이 말씀을 묵상합니다.

🌿 성도 여러분!

교회 안에도 크고 작은 문제들이 있습니다. 문제가 없는 교회는 심각한 문제가 있는 교회라고 말씀드린 적도 있습니다. 문제가 있기 때문에 기도하고 자신을 돌아봄으로 거룩해져 가는 것입니다. '거룩한 교회'라는 말은 거룩한 사람들이 모였기 때문에 붙여진 이름이 아니라 거룩해져 가는 사람들의 모임이기 때문입니다. 그날이 가까울수록 나 자신부터 돌아봄으로 **나날이 변화되어 가는 삶**이 되어야 하겠습니다.

🌿 신학생 여러분!

피해야 할 것과 따라야 할 것을 구별하는 능력이 필요합니다. 이것을 영적인 분별력이라 합니다. 무조건 세상과 금을 긋고 산다면 전도 대상자들은 어디에서 찾습니까? 세상 사람들과 함께 어울려 살아가야 합니다. **세상과의 단절이 아니라** 세상을 변화시켜야 할 책임이 있습니다. 세상과 구별된 삶을 산다는 의미를 바로 알아야 합니다. 세상을 좇지 말라는 것이지 분리되라는 말은 아닙니다. 오히려 모범된 삶으로 세상의 빛과 소금의 역할을 감당해야 합니다.

🌿 목회자들에게!

지혜가 부족하면 하나님께 구해야 합니다. 이유를 알지도 못하고 당하는 핍박이 있는가 하면, 자신을 축복하는 목사를 들이받는 양들도 있습니다. 인위적인 방법으로 해결하려다가 더 큰 낭패를 당하는 일이 많습니다. **영적인 문제는 영적인 방법**으로 해결해야 합니다. 목회자의 무릎이 낙타무릎이 되어야 하는 이유도 이 때문입니다. 하나님의 사람은 하나님 앞에서는 무릎을, 사람들 앞에서는 허리를 굽혀야 합니다.

명령에 순종하는 '하나님의 사람'이 되게 하소서!

어려운 시대, 피해야 할 일과 해야 할 일을 분별하게 하소서!

1. 시대가 악합니다. 분별의 영이신 성령님께서 함께 하심으로
   선과 악을 바르게 구별하는 지혜로운 성도가 되게 하소서!
2. 하나님의 사람으로서 자족함으로 감사하는 삶을 살게 하시고
   언제나 하나님의 선하신 섭리에 순종하게 하소서!
3. 의롭고 경건하며 믿음으로 사는 성도들이 되게 하여 주시고
   사랑과 인내와 온유함으로 이웃을 대하게 하소서!

승리하는 힘의 제공과 영생을 선포하는 교회가 되게 하소서!

1. 세상이 교회를 비난하고 폄훼하는 시대에 살고 있습니다.
   교회가 세상의 빛이 되게 하시고 등대가 되게 하소서!
2. 어려운 때일수록 성도들이 교회를 통하여 위로받게 하시고
   믿음의 선한 싸움에서 승리할 수 있는 힘을 얻게 하소서!
3. 그날이 가까울수록 복음을 증거 하는 많은 증인들이 일어나
   영생의 복음을 선포하는 이 시대의 교회들이 되게 하소서!

종말의 시대, 나라와 민족들이 돌아오는 새시대가 되게 하소서!

1. 코로나19의 위기와 시대적 상황을 분별하게 하셔서
   모든 나라와 민족들이 주 앞에 엎드리는 역사를 허락하소서!
2. 어려운 때에 선교현장에서 수고하는 선교사들을 지켜주시고
   모든 교회와 성도들이 주님의 지상 명령에 순종하게 하소서!
3. 만왕의 왕이시요, 만주의 주이신 여호와의 능력이 온 땅에
   충만하게 하시고 주님만이 홀로 영광 받으소서!

19

미래를 바라보며

네가 이 세대에서 부한 자들을 명하여 마음을 높이지 말고 정함이 없는 재물에 소망을 두지 말고 오직 우리에게 모든 것을 후히 주사 누리게 하시는 하나님께 두며 선을 행하고 선한 사업을 많이 하고 나누어 주기를 좋아하며 너그러운 자가 되게 하라 이것이 장래에 자기를 위하여 좋은 터를 쌓아 참된 생명을 취하는 것이니라 디모데야 망령되고 헛된 말과 거짓된 지식의 반론을 피함으로 네게 부탁한 것을 지키라 이것을 따르는 사람들이 있어 믿음에서 벗어났느니라 은혜가 너희와 함께 있을지어다

딤전 6:17-21

1.

장래를 위하여

장래에 자기를 위하여 좋은 터를 쌓아야 한다.
디모데와 같은 목회자는 물론
참된 생명을 취하여야 할 성도들도 마찬가지다.
무너지지 않을 영원한 기초를 쌓으라는 말이다.

특별히 이 세대의 부한 자들을 언급한다.
물질적인 부만을 이야기하는 것이 아니다.
지식이든, 명예든, 권력이든 모두 포함된다.
가진 자들에 대하여 명령하라는 부탁이다.

이 세대라는 말에 귀를 기울여야 한다.
우리가 사는 이 세상에서의 기회를 지칭한다.
미래가 있다는 사실을 잊지 말라는 경고이다.
동시에 미래의 우리들을 위한 교훈임을 강조한다.

2.
그러므로 가진 자들은?

마음을 높이지 말고
믿을 수 없는 재물에 소망을 두지 말고
마음을 오직 모든 것을 후히 주시며
누리게 하시는 하나님께 두며

선을 행하고
선한 사업을 많이 하며
나누어 주기를 좋아하며
너그러운 자가 되어야 한다.

교만하지 말라는 말씀이다.
가진 것을 의지하는 것이 위험하다.
수영 선수일수록 물을 조심해야 하고
줄 타는 재주가 있다면 줄 위에서 겸손해야 한다.

모든 것의 주인이며 주관하시는 분은 하나님이시다.
풍성하게 주시는 하나님께만 소망을 두고
착한 일과 베풀고 나눈 일에 더욱 힘쓰므로
진정한 생명 나눔을 실천해야 한다.

3.
참된 생명을 취하기 위하여

우리는 생명을 얻은 자들이다.
이미(already) 영생을 얻었다(요 5:24).
예수님을 그리스도로 영접하였기 때문이다.
이제는(now & here) 누리며 살아야 한다.

그러나 완전한 생명, 참된 생명을 취하기 위하여
장래의 자기를 위하여 좋은 터를 쌓아야 한다.
이루어야 할(not~yet) 그 나라를 위해서다.
선행과 베풂이 바로 든든한 기초이다.

"무너지지 않을 보물창고!"
유진 피더슨의 표현대로 하면 그렇다.
예수님께서는 산상보훈을 통하여
더 구체적으로 말씀하셨다.

"오직 너희를 위하여 보물을 하늘에 쌓아두라.
거기는 좀이나 동록이 해하지 못하며
도둑이 구멍을 뚫지도 못하고 도둑질도 못하느니라.
네 보물이 있는 그곳에는 네 마음도 있느니라."(마 6:20-21)

4.
네게 부탁한 것을 지키라.

바울은 디모데전서를 마무리한다.
편지를 정리하는 마지막 인사다.
"네게 부탁한 것을 지키라."
믿음의 아버지요, 스승인 바울이다.

맡은 책임을 잘 감당하는 부탁이다.
망령되고 헛된 말을 좇지도 않아야겠지만
거짓된 지식으로 반론하는 자들과 변론하지 말고
이들과 논쟁하지 말라는 것이다.

이러한 반대논리에 빠져서 이를 따르다가
믿음에서 벗어난 자들도 있기 때문에
더욱 조심하라는 부탁도 빠뜨리지 않는다.
그리고 간단하게 디모데를 축복한다.

다른 서신과 비교하면 매우 간단하다.
그럴수록 더욱더 친근하다.
"하나님의 은혜가 너희와 함께 있을지어다."
아멘. 아멘!

더 깊이 말씀을 묵상합니다.

🌿 성도 여러분!

비록 우리들은 영에 속한 사람들이지만 이 땅에 사는 동안에는 몸을 입고 있습니다. 그러나 육에 속한 사람들은 아닙니다. 영원한 나라를 바라보는 하나님 나라의 백성들입니다. 그러므로 이 땅에 사는 동안 필요한 물질이나 육신적인 건강의 필요성을 부인할 수 없습니다. 세상의 복, **땅의 복도 받아야** 이것을 통하여 하나님께 영광을 돌릴 수 있으며, 주님의 말씀처럼 보물을 하늘에 쌓아둘 수 있는 도구가 되는 것입니다.

🌿 신학생 여러분!

아무리 어렵고 힘든 일이 있어도 소망을 가진 자는 극복할 수 있습니다. 그래서 예수님도 베드로와 야고보와 요한을 데리시고 변화산에 오르셔서 천국의 호라마(ὁραμα)를 보여주셨습니다. 장래성이 있다는 말은 이러한 비전(vision)을 가지고 준비하는 사람을 두고 이르는 말입니다. 내일을 바라보는 사람일수록 오늘에 주어진 일에 최선을 다합니다. 우리들은 영원한 그날을 위한 사역을 **준비하는 사람들**입니다.

🌿 목회자들에게!

힘 있게 날아오르는 독수리의 '날개'는 승리의 상징이지만, 비바람을 막아주는 '덮개'의 역할도 합니다. 그러나 날개는 생명의 잉태를 위하여 '품개'의 역할도 감당합니다('품개'라는 단어는 이러한 의미에서 이어령 선생이 사용한 신조어). 겸손하게 선행으로 베풀고 나눔의 삶을 살아야 하는 이유를 생각하고 너그럽고 넉넉한 마음을 가져야 합니다. 재덕(才德)을 겸비할 수 있다면 더없이 좋겠지만 굳이 하나를 선택하라고 한다면 우선 **후덕(厚德)한 사람**이 되어야 한다는 말입니다.

함께 기도합시다.

🌿 종말의 영이신 성령님으로 충만하게 하소서!

1. 주님께서 약속하신 성령님으로 충만하여
   받은 은사와 능력으로 주님의 일 잘 감당하게 하소서!
2. 저희들은 미련하여 우리의 장래를 알지 못합니다.
   성령님께서 친히 주관하시고 다스려 주옵소서!
3. 사모하는 성령님! 친히 내 안에 거하심으로
   앞으로의 모든 일과 어려움을 극복하고 이기게 하소서!

🌿 생명의 주님! 참 생명의 의미를 깨닫게 하소서!

1. 주님께서 주신 생명이요, 영생입니다.
   겸손하게 하시고 착한 일의 진정한 의미를 알게 하소서!
2. 이미 구원받은 주의 백성으로서 베풀고 나눈 일에 힘씀으로
   진정한 생명 나눔을 실천하는 저희들이 되게 하소서!
3. 하늘나라에 보물을 쌓게 하여 주시고
   이 일을 위하여 이 땅에서의 선행이 축적되게 하소서!

🌿 부탁하신 말씀에 순종하게 하소서!

1. 부탁하신 주님의 귀한 사역을 위한 일꾼 되게 하시고
   하늘나라에 적합한 지도자로 세움 받게 하소서!
2. 삼위일체 하나님의 이름으로 세례를 베풀라는 명령에 따라
   주님의 복음이 땅끝까지 증거되며 전파되게 하소서!
3. 우리들에게 주어진 책임을 더 잘 감당하기 위해서라도
   건강과 물질과 세상의 복도 함께 허락하여 주소서!

디모데후서

너는 말씀을 전파하라 때를 얻든지 못 얻든지
항상 힘쓰라 범사에 오래 참음과 가르침으로
경책하며 경계하며 권하라

딤후 4:2

20

그의 약속과 능력에 따라

하나님의 뜻으로 말미암아 그리스도 예수 안에 있는 생명의 약속대로 그리스도 예수의 사도 된 바울은 사랑하는 아들 디모데에게 편지하노니 하나님 아버지와 그리스도 예수 우리 주께로부터 은혜와 긍휼과 평강이 네게 있을지어다 내가 밤낮 간구하는 가운데 쉬지 않고 너를 생각하여 청결한 양심으로 조상적부터 섬겨 오는 하나님께 감사하고 네 눈물을 생각하여 너 보기를 원함은 내 기쁨이 가득하게 하려함이니 이는 네 속에 거짓이 없는 믿음이 있음을 생각함이라 이 믿음은 먼저 네 외조모 로이스와 네 어머니 유니게 속에 있더니 네 속에도 있는 줄을 확신하노라 그러므로 내가 나의 안수함으로 네 속에 있는 하나님의 은사를 다시 불일듯 하게 하기 위하여 너로 생각하게 하노니 하나님이 우리에게 주신 것은 두려워하는 마음이 아니요 오직 능력과 사랑과 절제하는 마음이니 그러므로 너는 내가 우리 주를 증언함과 또는 주를 위하여 갇힌 자 된 나를 부끄러워하지 말고 오직 하나님의 능력을 따라 복음과 함께 고난을 받으라

딤후 1:1-8

1.
지속적이고 친밀한 관계

세상에서도 한 번 맺어진 관계를 귀히 여겨야 하지만
그리스도 안에서 이루어진 사랑은 영원할 수밖에 없다.
바울은 자신이 예수 그리스도의 사도가 된 것을
하나님의 뜻이요, 생명의 약속에 근거한 것임을 고백한다.

바울과 디모데의 관계도 마찬가지다.
"사랑하는 아들 디모데에게 편지하노니"
먼저 보낸 편지와 마찬가지로 그는 아들을 축복한다.
"은혜와 긍휼과 평강이 네게 있을지어다."

그리고 이어지는 바울의 간구와 소원은
외로움 중에 믿음의 아들 디모데를 보기를 원하며
하나님의 언약과 약속 안에 거함으로
고난 중에도 훌륭한 복음의 역군이 되기를 바란다.

2.
고난과 외로움 중에 있는 바울

바울은 지금 옥중에서 고통을 겪고 있다.
주위에 있던 사람들도 모두 떠나 버렸다.
바울의 2차 투옥은 일반 죄수들과 함께 수감되어
동역자들도 바울의 거처를 찾기가 어려웠다.

실제로 바울에게는 마지막 투옥이다.
바울도 어떤 일이 있을 것인지를 알았을 것이다.
그래서 더욱 외로웠을지도 모른다.
유서와 같은 표현들이 더러 나타난다.

'생명의 약속대로' 그리스도의 사도가 된 바울이기에
죄인에게 허락하신 하나님의 은혜
어려운 사람에게 베푸시는 따뜻한 사랑
마음 속 깊은 곳에서부터 채워주신 그 크신 평강의 복을 빌되

이러한 상황 속에서도 바울은 아들을 챙긴다.
아들에게 편지를 쓰고 축복한다.
밤낮 쉬지 않고 그를 위하여 기도한다.
하나님께 감사하며 마지막으로 한번 보기를 원한다.

3.
거짓 없는 믿음의 아들 디모데

바울이 디모데를 생각하며 과거를 이야기하는 것은
디모데의 소심하고 연약한 육체를 걱정하는 중에
그를 격려하고 새 힘을 주려는 의도도 있었지만
자신의 개인적인 관계를 강조하기 위함일 것이다.

조상으로부터 청결한 양심을 이어받은 디모데요
외조모인 로이스와 어머니인 유니게의 신앙을 상속한
거짓 없는 믿음의 소유자일 것이라는 확신과 함께
안수를 통하여 받은 특별한 은사를 거론한다.

신앙의 계대와 믿음의 상속을 강조하면서도
이스라엘의 전통적인 모계 중심을 이야기함으로
보이지 않은 가운데 아버지가 헬라인임을 암시한다.
복음 사역에서 이방인 개종만큼 중요한 일도 없다.

본서에는 바울이 겪었던 많은 고난들을 이야기하며
다른 서신에서 볼 수 없는 간증들을 늘어놓은 것은
그만큼 디모데와 친숙한 관계이기도 하지만
복음증거에는 많은 고난이 따르기 때문일 것이다.

4.
하나님의 약속과 능력을 따라

하나님은 우리에게 소심함이나
두려워하는 마음은 주시는 분이 아니시다.
오히려 담대함과 당당하므로 사역을 감당하도록
특별히 안수 받게 하시고 은사를 주신다.

하나님은 오직 능력을 주시는 분이시다.
그리고 사랑과 자비와 긍휼로
스스로 절제하는 마음으로 사람을 대하게 하셔서
주의 일을 감당하게 하신다.

혹시라도 스승인 바울이 갇혀 있다고 해서
이를 부끄럽게 여겨 소심해지지 않도록 하되
오히려 주를 위하여 갇힌 스승을 자랑스럽게 여김으로
복음으로 인해 고난 받음을 귀히 여길 것을 가르친다.

하나님이 약속과 능력에 따라
우리에게 복음을 전하게 하시고 고난도 받게 하시지만
하나님은 우리를 구원하실 뿐만 아니라
그리스도 예수 안에서 주신 은혜대로 이끄시는 분이시다.

더 깊이 말씀을 묵상합니다.

✿ 성도 여러분!

입술로는 전능하신 하나님으로 고백하면서도 정작 무슨 일이 생기면 하나님 보다 세상적인 방법을 찾는 이들이 많습니다. 가증스러운 일입니다. "목사님! 관공서에 아는 이들이 없습니까?" "세무서에, 혹은 경찰서에 이 문제를 해결해 주실만한 분이 없습니까?" 그때마다 느낍니다. "목사님! 기도해 주십시오." 오히려 목사님에게는 **이런 부탁이 어울립니다.** 기도하는 이들에게 믿음대로 해결해 주시는 하나님이시기 때문입니다.

✿ 신학생 여러분!

스승의 영감이 갑절이나 있기를 바라고 엘리야를 따랐던 엘리사는 결국 갑절이나 되는 능력을 받습니다. 어머니의 백성이 나의 백성이 되고, 어머니의 하나님이 나의 하나님이 될 것이라고 고백하며 시어머니 나오미를 붙좇았던 모압 여인 룻은 다윗의 증조모가 되는 복을 받았습니다. 나에게는 왜 바울과 같은 스승이 없을까를 묻지 마시고 디모데처럼 스승에게 인정받는 제자들이 되십시오. 하나님께서 이미 **나를 위해 준비된 멘토**가 있음을 알고 믿고 찾는 후보생이 되시기 바랍니다.

✿ 목회자들에게!

목회자의 힘은 물질이나 지위나 지식이 아닙니다. **순결과 희생이 가장 큰 재산**입니다. 하나님의 일은 하나님이 하시기 때문입니다. 하나님께서는 순결하고 정직한 자를 사용하십니다. 그래서 바울도 디모데에게 '거짓 없는 믿음'을 부탁합니다. 하나님의 언약을 믿고 순종하면 하나님께서 틀림없이 그 능력에 따라 역사하십니다. 목회자의 자산은 은과 금이 아닙니다. 요한과 베드로의 고백처럼 나사렛 예수의 이름이 재산입니다.

함께 기도합시다.

🌿 고난과 고통 중에 있는 이들을 도와주소서!

1. 여러 가지 환경과 위기로 힘들어 하는 이웃들이 있습니다.
   속히 모든 것이 진정되고 회복되게 하여 주옵소서!
2. 억울하거나 어려운 일들로 고통 받는 이들도 있사오니
   이들과 함께 하셔서 해결과 함께 참 평강을 주옵소서!
3. 육신의 건강과 질병으로 고생하는 성도들에게 복 주사
   주의 능력을 통하여 치유하시고 고쳐주시옵소서!

🌿 거짓이 없는 청결한 신앙을 가지게 하소서!

1. 거짓이 난무하는 시대에 살고 있습니다.
   성실하고 근면한 자들이 잘 사는 세상이 되게 하여 주소서!
2. 성도들의 가정에 신앙의 계대가 이어지게 하셔서
   청결한 믿음의 계대가 대대로 이어지게 하소서!
3. 빛이 되고 소금이 되는 성도들의 삶을 통하여
   정직하고 밝고 맑은 아름다운 세상으로 변화되게 하소서!

🌿 말씀에 순종함으로 능력 받게 하소서!

1. 믿음의 사람들에게 담대함과 당당함을 허락하셔서
   세상에서 신뢰받는 성도들과 교회들이 되게 하소서!
2. 나라와 교회 지도자들이 말씀에 부복함으로
   올바른 지도자들이 교회와 세상에 모범이 되게 하소서!
3. 주께서 우리 교회의 당면한 현안들이 친히 지도하심으로
   주님의 몸 된 교회가 시원시원하게 성장하게 하소서!

21

아름다운 것을 지키라

하나님이 우리를 구원하사 거룩하신 소명으로 부르심은 우리의 행위대로 하심이 아니요 오직 자기의 뜻과 영원 전부터 그리스도 예수 안에서 우리에게 주신 은혜대로 하심이라 이제는 우리 구주 그리스도 예수의 나타나심으로 말미암아 나타났으니 그는 사망을 폐하시고 복음으로써 생명과 썩지 아니할 것을 드러내신지라 내가 이 복음을 위하여 선포자와 사도와 교사로 세우심을 입었노라 이로 말미암아 내가 또 이 고난을 받되 부끄러워하지 아니함은 내가 믿는 자를 내가 알고 또한 내가 의탁한 것을 그날까지 그가 능히 지키실 줄을 확신함이라 너는 그리스도 예수 안에 있는 믿음과 사랑으로써 내게 들은 바 바른 말을 본받아 지키고 우리 안에 거하시는 성령으로 말미암아 네게 부탁한 아름다운 것을 지키라 아시아에 있는 모든 사람이 나를 버린 이 일을 네가 아나니 그중에는 부겔로와 허모게네도 있느니라 원하건대 주께서 오네시보로의 집에 긍휼을 베푸시옵소서 그가 나를 자주 격려해 주고 내가 사슬에 매인 것을 부끄러워하지 아니하고 로마에 있을 때에 나를 부지런히 찾아와 만났음이라 (원하건대 주께서 그로 하여금 그날에 주의 긍휼을 입게 하여 주옵소서) 또 그가 에베소에서 많이 봉사한 것을 네가 잘 아느니라

딤후 1:9-18

1.
행위가 아니라 은혜로 말미암았습니다.

하나님께서 우리를 부르시고 구원하신 것은
우리의 행위가 선하거나 거룩하였기 때문이 아니라
영원 전부터 계획하신 하나님의 뜻에 따라
그리스도 예수 안에서 베푸신 은혜로 말미암는다.

이제는 구체적으로
우리 구주 예수 그리스도의 나타나심으로
모든 사망을 폐하시고
썩지 아니할 생명의 복음으로 분명하게 드러내셨다.

이 복음을 위하여
선포 자와 사도와 교사로 세움을 받은 바울이며
그의 믿음의 아들인 디모데이고
또한 지금의 우리들이라는 사실이 중요하다.

2.

그러므로 우리도 바울처럼

바울이 당하는 고통에도 당당함은
이 은혜로 말미암은 사명 때문이다.
그래서 그는 동굴과 같은 음침한 동굴 속에서도
후회도 부끄러워하지도 않았다.

내가 믿는 자를 내가 알고
또한 내가 의탁한 것을 그날까지
신실하셔서 끝까지 편치 않으시고
능히 지켜 주실 분이 그분이셨기 때문이다.

그래서 디모데에게 부탁하는 것은
그리스도 예수 안에 있는 믿음과 사랑으로써
바울에게 들은 바 내게 바른 말,
곧 복음을 본받아 지켜야 한다는 것을 강조한다.

그의 교훈은 거짓 교사들의 가르침(딤전 1:10)과 다르다.
진리 안에서의 바른 신앙고백을 본받아 지키되
복음은 모든 믿는 자에게 구원의 능력이 되므로
이 아름다운 복음을 증거하여야 한다는 말이다.

3.
그리스도 예수 안(Εν Χρίστος)에 있는

예수 그리스도 안의 믿음은
스스로 자신을 믿는 믿음(信念)이 아니다.
사람들끼리의 믿음(信賴)도 아니며
더구나 사회인 믿음(信用)도 아니다.

그리스도 예수 안의 믿음은
하나님께 대한 절대적인 믿음(信仰)이다.
성경은 이것을 복음(福音)이라고 하였고
구원을 받게 되는 유일한 길이라고 가르친다.

예수 그리스도 안의 사랑도 마찬가지다.
단순한 우정(필레오)이나 연정(에로스)이 아니다.
희생적이며 파격적인 사랑(아가페)을 말한다.
바울은 이것을 디모데에게 전수하였다(13절).

우리 안에 거하시는 성령으로 말미암아 부탁한 것!
바울은 이것을 '아름다운 것'이라 표현하였다.
하나님의 영이시자 그리스도의 영이 부탁하신
이 아름다운 것은 반드시 지켜야만 한다.

4.
바울이 로마의 감옥에 갇혀 있을 때

너무 힘들었다.
그러나 예수 그리스도 안에서 기뻤다.
그래서 빌립보 교인들에게도 기뻐하라고 교훈하였다.
이것이 바울의 신앙이요, 간증이었다.

그러나 주변 사람들을 바라볼 때에는 그렇지 않았다.
디모데에게 호소하는 바울의 심정을 읽게 된다.
주변 사람들이 모두 떠나버렸다.
대표적인 사람이 '부겔로'와 '허모게네'다.

그러한 중에서도 긍휼을 베푼 자도 있었다.
사슬에 매인 바울을 당당하게 돌본 '오네시보로'이다.
바울은 에베소에서도 봉사하던 그가 로마까지도
부지런히 찾아와 면회를 하였던 그를 축복한다.

"원하건대 오네시보로의 집에 긍휼을 베푸소서."(16절)
"원하건대 주께서 그로 하여금 그날에
주의 긍휼을 입게 하여 주옵소서."(18절)
주의 종을 섬긴 자가 복을 받는 것은 너무나 당연하다.

더 깊이 말씀을 묵상합니다.

🌿 성도 여러분!

주의 종을 위하여 기도하고, 어려운 이웃을 돕는 자들이 복을 받는다는 것은 너무나 당연합니다. 바울이 오네시보로를 위하여 축복하는 것만 보아도 그렇지만, 믿음의 선배들이 경험한 이야기들과 간증들도 많습니다. 때로는 흐르는 강물 위에 떡을 던지는 것처럼 의미 없는 일처럼 보일 때도 있지만 "여러 날 후에 도로 찾으리라"(전 11:1)는 말씀처럼 **하나님의 언약은 분명합니다.** 선을 행하다가 낙심하는 일이 없기를 바랍니다(살후 3:13). 주 안에서의 수고는 헛되지 않습니다(롬 15:58).

🌿 신학생 여러분!

지식과 경험이 풍부한 것은 큰 재산입니다. 그러나 때때로 이러한 것들이 하나님 나라의 사역에 방해가 될 수도 있습니다. 흔히 교육 현장에서 **'자료 공해'라는 말이 있습니다.** 학생들의 이해를 돕기 위하여 많은 자료들을 동원하는 것은 좋은 일이지만 가끔은 지나치게 많은 자료로 인하여 더 큰 혼선을 가져오게 할 수도 있습니다. 하나님의 말씀대로 따르는 삶을 위해서도 자칫 지나친 소유나 경험이 방해가 될 수 있다는 것을 잊지 맙시다.

🌿 목회자들에게!

목회자들 중에는 아픔을 호소하는 분들이 많습니다. 목회자라면 누구나 경험하는 일이지만 지나치게 큰 고통을 겪는 분들도 있습니다. 참아야 합니다. 물론 주님의 일이므로 주께서 해결하신다는 믿음도 필요하지만 스스로 **'가시밭의 백합화'**를 교훈으로 삼아야 합니다. 가장 큰 동역자가 될 수 있습니다. 향기를 발하며, 목회를 더욱 빛나게 하는 것이 바로 가시라는 것을 깨닫는 지혜가 필요합니다.

함께 기도합시다.

어려운 중에도 늘 새날을 맞게 하시니 감사합니다.

1. 예수 그리스도 안에서 저희들을 불러 믿음을 허락하시고
   행위가 아니라 오직 은혜로 구원받게 하시니 감사합니다.
2. 오직 말씀을 통하여 지혜와 능력을 주심을 깨닫게 하시고
   참된 주님의 평강을 누리는 나라와 교회가 되게 하소서!
3. 주님의 이름으로 모든 고통과 질병, 슬픔을 물리치게 하시고
   모든 어려움을 이기고 승리하는 나날이 되게 하여 주소서!

그리스도의 복음이 땅끝까지 증거되게 하소서!

1. 코로나의 위기가 복음전파의 방해가 되지 않게 하시고
   도리어 주님의 위엄과 권능을 열방 중에 나타내시옵소서!
2. 복음 전하는 선교사들과 주의 사역자들과 함께 하심으로
   그리스도의 진리가 땅끝까지 전파되는 기회가 되게 하소서!
3. 교회 교회마다 이 시대에 주어진 사명을 깨닫게 하시고
   존경받고 신뢰받는 교회 지도자들이 되게 하여 주소서!

진리 안에서 아름다운 사랑을 나누게 하소서!

1. 주님의 복음을 위하여 고난과 핍박을 받고 있는 성도들과
   나라들(북한, 미얀마, 중동 국가, 우크라이나 등)을 지켜주시옵소서!
2. 이웃들을 위하여 뜨겁게 기도하는 성도와 교회되게 하시고
   우리 교회가 돕는 모든 교회와 이웃들이 복을 받게 하소서!
3. 성령께서 부탁하신 아름다운 것을 지키게 하시고,
   주님의 영광을 위하여 우리들의 기도에 응답하여 주소서!

22

충성된 종, 그리스도인

내 아들아 그러므로 너는 그리스도 예수 안에 있는 은혜 가운데서 강하고 또 네가 많은 증인 앞에서 내게 들은 바를 충성된 사람들에게 부탁하라 그들이 또 다른 사람들을 가르칠 수 있으리라 너는 그리스도 예수의 좋은 병사로 나와 함께 고난을 받으라 병사로 복무하는 자는 자기 생활에 얽매이는 자가 하나도 없나니 이는 병사로 모집한 자를 기쁘게 하려 함이라 경기하는 자가 법대로 경기하지 아니하면 승리자의 관을 얻지 못할 것이며 수고하는 농부가 곡식을 먼저 받는 것이 마땅하니라

딤후 2:1-6

1.
충성된 일꾼

믿음의 아들이기에 유언이 통한다.
그래서 바울은 디모데를 "내 아들아!"하고 부른다.
말 안 듣던 청개구리도 엄마의 유언을 지켰다.
바울도 디모데를 믿었기에 마지막 편지를 썼다.

디모데후서에 나타난 바울의 부탁은 간절하다.
그의 마지막 유언이기 때문에 더욱 그러하다.
예수님의 마지막 부탁을 지상 명령이라 부르듯이
디모데후서도 바울의 Great Commission이다.

디모데후서 전체에 이러한 마음이 나타나 있지만
본문(딤후 2:1-6)에는 몇 개의 예화를 사용한다.
증인이 되어라, 좋은 병사가 되어야 한다고 교훈하며
경기하는 자의 비유로 충성된 종이 될 것을 부탁한다.

2.
네가 많은 증인 앞에서

제자 훈련의 기본은 일대일 양육이다.
그래서 먼저 멘토가 강해야 함을 이야기한다(1절).
예수 그리스도의 은혜 안에서 강해지라고 한다.
신실한 믿음만큼이나 마음도 강해야 한다.

지도자로서 성격적인 유약함도 문제가 되지만
육체적인 건강도 매주 중요한 조건이다.
물만 마시지 말고 포도주도 쓰라고 하는(딤전 5:23)
디모데를 염려하는 바울의 심경을 읽을 수 있다.

잘 가르쳐야 한다.
감동감화를 주며 모범이 되어야 한다.
그러나 충성된 증인이 될 사람을 선택하여
다른 사람을 가르칠 수 있게 해야 한다.

많은 증인들 앞에서 부탁하라는 말은(2절)
이 교육이 일대일의 관계라 할지라도
은밀한 가운데 이루어지는 것이 아니라는 말이다.
이를 기하급수적 방법이라며 계산하는 이들도 있다.

3.
그리스도 예수의 좋은 병사로

예수 그리스도의 병사다(3절).
이왕이면 좋은 병사가 되어야 한다.
그리스도의 병사는 고난을 각오해야 한다.
그래서 바울은 먼저 함께 받을 고난을 이야기한다.

병사는 자기 생활에 얽매이지 않아야 한다.
오직 모집한 자의 명령에 따라야 한다.
"돌격 앞으로!", "소대장님! 나가면 죽잖아요?"
자기 생명까지라도 불사해야 좋은 병사가 된다.

자신을 위한 직업 군인의 시대가 되어간다.
고난을 두려워하지 않으며 사생활을 포기하고
오직 명령에만 절대복종하는 것이 군대의 기본이다.
세상이 바뀌어도 변해서는 안 되는 것이 있는데…

하나님의 군사로
복음의 일꾼으로 부름 받은 오늘의 성도들은
어떠한 고난과 핍박에도 인내하고 승리해야 한다.
복음을 위해 모든 것을 기꺼이 헌신해야 한다.

4.
하나님의 일꾼은?

하나님의 일꾼은 충성을 다해야 한다.
증인으로서의 사명을 다하는 제자가 되어야 한다.
헌신적인 주님의 병사, 법을 지키는 경기자,
최선을 다하여 수고하는 농부가 되어야 한다.

법을 모르고 경기하면 패배할 수밖에 없다.
변칙을 하더라도 원칙을 알아야 한다.
원칙을 모르고 변칙은 행하면 반칙이 된다.
반칙패의 수모를 당하는 일이 없어야 한다.

경기자의 최종적인 목적은 이기는 것이다.
면류관을 위해서라도 진리를 배우고 알아야 한다.
법대로 경기하지 않으면 면류관을 얻지 못한다.
경기 전에 먼저 규칙을 아는 것이 먼저다.

땅을 상대하는 농부들은 하늘의 원리를 안다.
수고하는 만큼 거둘 수가 있다.
그러나 수고한 농부가 먼저 곡식을 받는다는 말은
주님의 일꾼들이 받게 될 상급을 이야기하는 것이다.

더 깊이 말씀을 묵상합니다.

🌿 성도 여러분!

유대인들은 세계 인구의 0.1%에도 미치지 못합니다. 그러나 노벨상의 20% 이상을 유대인들이 차지하였고, 세계경제의 주도권을 이들이 가지고 있습니다. 모든 흐름에는 맥이 있습니다. 일찍부터 유대인들은 하나님의 선민으로서 그 뿌리를 찾았습니다. 하나님을 바로 알고, 그분의 말씀을 붙잡아야 합니다. 모든 것을 다 가질 수는 없습니다. 그러나 그 모든 것의 근거를 알면 한 길로만 나아가도 얼마든지 모든 것을 얻을 수 있습니다. **모든 생명의 근원**은 복음입니다.

🌿 신학생 여러분!

시대의 흐름에 둔감하지 않아야 합니다. 주변 환경과 상황에 대처할 수 있는 능력이 필요합니다. 대개의 경우 작은 일에 몰두하다가 큰 것을 놓치는 경우가 많습니다. 한 걸음 물러서야 합니다. **큰 그림부터 먼저** 그립시다. 수백 개의 퍼즐을 그냥 맞추기는 어렵지만 전체적인 그림을 보고 나면 의외로 쉬워지는 것처럼 고공비행이 필요합니다. 넉넉한 마음으로 세상을 바라보고 바르게 판단하기를 원한다면 작은 집착부터 버려야 합니다.

🌿 목회자들에게!

의욕과 열정은 종으로서, 병사로서, 경기자나 농부로서 반드시 가져야 할 자세입니다. 그러나 이것은 세상 사람들도 가져야 할 성품들입니다. 하나님의 일을 하는 사람들에게는 이것만으로는 부족합니다. 영적인 사역이기에 그렇습니다. 아무리 대단한 열정이 있어도 지나침으로 인하여 **'탈진'해 버리면 소용이 없습니다.** 성급하지 맙시다. 열정과 의욕만큼이나 절제도 중요합니다.

함께 기도합시다.

주님의 몸 된 교회들을 위하여 기도합니다.

1. 코로나의 극한 위기 중에도 복음이 증거 되게 하시고
   주님의 뜻을 알고 깨달아 주께 돌아오는 역사가 있게 하소서!
2. 교회 안에서도 주님의 일꾼들이 세워지게 하시고
   세상 곳곳에서도 헌신된 주님의 일꾼들이 일어나게 하소서!
3. 무엇보다 공교회로서의 교회의 정체성 회복이 시급합니다.
   세상의 빛과 소금으로 거듭나는 한국 교회들이 되게 하소서!

세워주신 나라와 민족을 위하여 기도합니다.

1. 70년간 분단의 아픔을 겪고 있는 대한민국입니다.
   주님의 권능으로 이 나라를 고치시고 치유하여 주시옵소서!
2. 분열과 다툼으로 뒤엉킨 이 민족이 주님의 품으로 돌아와
   주의 손에서 하나 되는 온 백성들이 되게 하여 주시옵소서!
3. 부정과 불의, 하나님이 없다고 하는 공산주의가 사라지고
   이 땅이 공의와 사랑이 충만한 하나님 나라가 되게 하소서!

성도들이 주님의 신실한 일꾼들 되게 하소서!

1. 모든 질병과 마음의 고통과 상처들이 치유를 받음으로
   주 안에서 영육이 강건한 성도들이 되게 하여 주시옵소서!
2. 예수 그리스도의 좋은 병사가 되고, 주의 이름으로 승리하는
   경기자가 되어 주님께 충성하는 제자들이 되게 하소서!
3. 개인적으로도 영적인 성장과 부흥을 위하여 기도하게 하시고
   수고하는 농부로서 영적인 수확이 풍성한 결과가 있게 하소서!

23

나의 말을 생각해 보라

내가 말하는 것을 생각해 보라 주께서 범사에 네게 총명을 주시리라 내가 전한 복음대로 다윗의 씨로 죽은 자 가운데서 다시 살아나신 예수 그리스도를 기억하라 복음으로 말미암아 내가 죄인과 같이 매이는 데까지 고난을 받았으나 하나님의 말씀은 매이지 아니하니라 그러므로 내가 택함 받은 자들을 위하여 모든 것을 참음은 그들도 그리스도 예수 안에 있는 구원을 영원한 영광과 함께 받게 하려 함이라 미쁘다 이 말이여 우리가 주와 함께 죽었으면 또한 함께 살 것이요 참으면 또한 함께 왕 노릇할 것이요 우리가 주를 부인하면 주도 우리를 부인할 것이라 우리는 미쁨이 없을지라도 주는 항상 미쁘시니 자기를 부인하실 수 없으시리라

디후 2:7-13

1.
범사에 총명을 주시는 하나님

생각하여야 할 교훈은
그리스도의 좋은 병사가 되고
법대로 경기함으로 면류관을 얻고
수고한 농부가 곡식을 얻는다는 말이다.

하나님의 교훈은 생각하면 생각할수록
그 자체가 바로 은혜라는 사실을 깨닫게 된다.
주께서 주시는 삶의 지혜이자 은총이다.
더 큰 능력을 받을 수 있는 길이기도 하다.

그래서 바울은 사랑하는 아들 디모데에게
"내가 말하는 것을 생각해 보라.
주께서 범사에 네게 총명을 주시리라"고
확실하고 분명한 어조로 명령한다(딤후 2:7).

2.
그러나 바울이 말하는 중심은 복음이다.

"내가 전한 복음대로"
바울이 전한 복음은 직접 받은 계시다(갈 1:12).
바울이 전한 복음 그리스도 예수의 복음이다.
다른 복음을 전하는 자는 반드시 저주를 받는다(갈 1:8).

다윗의 씨는 영원하므로
그는 죽은 자 가운데서 다시 사셨다.
그러므로 그를 따르는 자에게는
고난이나 고통이 문제가 되지 않는다.

이 복음으로 인하여 죄인 취급을 당하고
여러 번 매이기까지 하였으나
결코 그의 말씀은 매이지 아니하므로
결국은 승리하게 될 것이라는 바울의 확신이다.

바울이 모든 것을 참고 인내한 것은
택함 받은 자들을 위한 것이었다.
그들도 모두 구원함을 받아야 할 뿐 아니라
영원한 영광도 함께 받아야 하기 때문이다.

3.
주와 함께 죽고 주와 함께 살자.

바울은 세례에 대하여 교훈한 적이 있다.
"우리가 그의 죽으심과 같은 모양으로
연합한 자가 되었으면 또한 그의 부활과
같은 모양으로 연합한 자도 되리라."(롬 6:5)

그리스도와 함께 십자가에 못 박힌 우리가
육체 가운데 사는 것은 내가 사는 것이 아니라
나를 위하여 자기 몸을 버리신 하나님의 아들을 믿는
그 믿음 안에서 사는 것이라고 선언한다(갈 2:20).

주님의 일을 하는 자들은 자신을 죽여야 한다.
하나님의 일을 내가 하고 있다는 착각을 버려야 한다.
자신의 교훈을 깊이 생각하라는 바울은
하나님이 미쁘신 만큼 그의 말씀 또한 그렇다는 것이다.

우리가 주와 함께 죽었으면 주와 함께 살 것이요,
참고 이기면 왕 노릇을 하게 되리라는 말씀을 통하여
주님의 사역자들이 가져야 할 믿음의 확신만큼이나
장차 누리게 될 영광도 크다는 사실을 강조한다.

4.

일향(一向) 미쁘신 우리 하나님

말씀을 기억하고 묵상하는 이유는 분명하다.
"우리는 미쁨이 없을지라도
 주는 항상 미쁘시니
 자기를 부인하실 수 없으시리라."(딤후 2:13)

세상에 믿지 못할 존재가 인간이라고들 한다.
바울은 우리들에게 혹시 믿음이 없다고 할지라도
주님은 일향('항상'으로 번역) 미쁘시다고 선언한다.
주님의 사랑과 은총은 '변함이 없다'는 말이다.

오늘 주제는 '나의 교훈을 깊이 생각해 보라'는 것이다.
우리가 주를 부인하면
주도 우리를 부인할 것이므로
끝까지 믿음을 붙잡고 말씀을 깊이 생각하여야 한다.

혹시라도 우리가 믿음이 부족하고 모자란다고 해도
주님은 영원토록 변치 않으신 분이시기에
그의 교훈, 그의 말씀, 그의 언약을 믿고 나아가야 한다.
주님은 반드시 이기게 하시며 상 주실 분이시기 때문이다.

더 깊이 말씀을 묵상합니다.

🌿 성도 여러분!

기독교는 계시의 종교입니다. 세상 모든 것이 하나님의 뜻과 계획에 의하여 운영되고 있습니다. 섭리 신앙은 하나님의 다스리심에 대하여 순종하여야 한다는 믿음이기도 하지만 하나님의 뜻을 거스르면 무서운 재난과 심판이 있게 된다는 사실을 인정하는 신앙입니다. 하나님의 말씀은 언약입니다. 영원한 복을 누리게 되는 길입니다. 얄팍한 인간의 지혜와 지식으로 그릇된 판단을 하지 않도록 **늘 깨어 있어야 합니다.**

🌿 신학생 여러분!

소신이 분명한 지도자들이 존경받는 시대입니다. 믿음의 지도자들에게도 소신이 필요하지만 그 소신은 하나님의 말씀에 대한 순종으로부터 시작되어야 합니다. 자신의 고집이나 생각을 앞세우는 소신이 아닙니다. **내가 먼저 순종할 줄 알아야** 타인에게도 순종을 요구할 수 있습니다. 나이가 어리고 경험이 부족한 후배들에게도 고개를 숙일 줄 아는 사람이 참된 지도자의 자격을 갖춘 자입니다. 그러기 위해서라도 주님 앞에 먼저 순종의 무릎을 굽히는 지도자들이 되시기 바랍니다.

🌿 목회자들에게!

귀한 것일수록 변질되면 추합니다. 아이들은 우유를 물 마시듯 마셔야 한답니다. 그만큼 우유가 어린이들의 건강에는 좋다고 합니다. 그러나 변질된 우유를 마시면 어떻게 될까요? 금이나 어떤 보석보다 더 귀한 것이 우리의 믿음이며, 교회의 직분입니다. 세상에 이보다 더 귀하고 아름다운 것은 없습니다. 그러므로 **변질되지 않아야 합니다.** 비록 우리들에게는 믿을 만한 것이 없다고 할지라도 영원토록 변하지 아니하시는 말씀을 붙잡고 끝까지 승리하는 믿음의 역군들이 되어야 합니다.

주신 말씀을 "다시 한번 생각하며" 기도합시다.

주신 말씀에 순종하는 저희들이 되기를 원합니다.

1. 그리스도의 좋은 군사가 되고, 법대로 따르는 경기자가 되며 수고한 농부의 아름다운 결실을 얻는 저희들이 되게 하소서!
2. 모든 것이 다 주님의 손에 있사오니 지혜와 총명을 주시고 주시는 능력과 은혜로 말미암아 세상을 이기게 하여 주소서!
3. 저희들의 가정과 삶, 건강의 회복과 심령의 치유를 통하여 언약하신 말씀대로 주님의 크신 영광이 나타나게 하옵소서!

허락하신 복음이 땅끝까지 증거되기를 원합니다.

1. 모든 나라와 모든 민족에게 복음이 증거되게 하시고 우리의 땅끝인 북한까지도 복음으로 하나 되게 하소서!
2. 이단과 이방 종교와 심지어 하나님을 대적하는 무리들까지도 예수 그리스도의 복음을 받아들이는 역사가 있게 하여 주소서!
3. 고통과 고난을 무릅 쓰고 복음을 전하는 모든 선교사님들과 부정과 불의와 싸우는 종들 위에 크신 능력으로 함께 하소서!

주님의 사랑을 실천하는 교회들이 되기를 원합니다.

1. 변함이 없는 주님의 사랑을 온 세상에 증거 하기 위하여 교회의 본질을 회복하고 말씀대로 행하는 교회들이 되게 하소서!
2. 실추된 명예와 신뢰를 회복하기 위하여 힘쓰는 교회가 되어 세상의 빛과 소금이 되고, 길 잃은 자들의 등대이게 하소서!
3. 선지자의 가슴으로 새벽을 밝혀 기도하게 하시고 영성회복과 말씀으로 새로워지는 저희들이 되도록 인도하여 주소서!

24

진리의 말씀을 분별하라

너는 그들로 이 일을 기억하게 하여 말다툼을 하지 말라고 하나님 앞에서 엄히 명하라 이는 유익이 하나도 없고 도리어 듣는 자들을 망하게 함이라 너는 진리의 말씀을 옳게 분별하며 부끄러울 것이 없는 일꾼으로 인정된 자로 자신을 하나님 앞에 드리기를 힘쓰라 망령되고 헛된 말을 버리라 그들은 경건하지 아니함에 점점 나아가나니 그들의 말은 악성 종양이 퍼져 나감과 같은데 그중에 후메내오와 빌레도가 있으니라 진리에 관하여는 그들이 그릇되었도다 부활이 이미 지나갔다 함으로 어떤 사람들의 믿음을 무너뜨리느니라 그러나 하나님의 견고한 터는 섰으니 인침이 있어 일렀으되 주께서 자기 백성을 아신다 하며 또 주의 이름을 부르는 자마다 불의에서 떠날지어다 하였느니라

딤후 2:14-19

1.
말씀을 옳게 분별하자.

말씀하시는 하나님!
그래서 천지를 창조하셨고
역사를 이루셨다.
결국 말씀이 육신까지도 입고 오셨다.

소리라고 해서 다 말이 아니듯
지껄인다고 해서 다 옳은 것이 아니다.
분별해야 한다.
그 기준은 언제나 성경이다.

바울은 권면한다.
- 말다툼하지 말라!
- 망령되고 헛된 말을 버려라!
- 그릇된 말을 따르지 말라!

2.
너는 그들로 이 일을 기억하게 하여

바울에게 부탁하는 말이다.
그들이란? 앞서 이야기한 충성된 사람들이다.
이 일이란? 복음을 위한 일들이다.
즉 병사로서, 규칙대로, 수고하는 농부가 되어

이 일을 기억함으로
말다툼을 하지 않게 하라고 강권한다.
일꾼들은 말다툼을 할 기회가 없거니와
병사인데, 규칙대로, 농부로 수고하기도 바쁘다.

아무런 유익이 없는 것이 말다툼이다.
서로의 주장을 하는 것이 말다툼이다 보니
사실 방법도 없고 결론도 없는 것이다.
도리어 말하는 자도 듣는 자도 망할 뿐이다.

옳고 바른 지도자는 분명하다(딤후 2:15).
"진리의 말씀을 옳게 분별하며
 부끄러울 것이 없는 일꾼으로 인정된 자로
 자신을 하나님 앞에 드리기를 힘쓰라."

3.
망령되고 헛된 말을 버려라.

꼭 해야 할 말만 하고 사는 사람이 있을까?
누구나 마음은 원이지만 쉬운 것은 아니다.
실수도 문제지만 안 해도 될 말도 많이 한다.
그러나 문제는 망령되고 헛된 말이다.

단순한 실수가 아니라 타인에게 피해를 준다.
무익한 정도가 아니라 나쁜 영향을 끼친다.
끝없는 족보에 몰두하는 것이나
허탄한 신화에 빠지는 일(딤전 1:4)이다.

문제를 일으켜 혼란을 부추길 수도 있다.
후메내오와 빌레도의 이름을 거명하며
바울은 이들의 말이 악성종양과 같아서
나쁜 영향을 끼치는 대표적 인물로 지목했다.

이들은 그리스도의 육체적 부활을 부인하고
영지주의에 빠진 거짓된 교사들인 것이 확인된
이미 교회에서 축출된(딤전 1:20) 인물들이다.
왜곡된 정보로 어지럽히는 일이 없어야 한다.

4.
하나님의 견고한 터는 섰으니!

바울 당시에도 그렇지만
이미 2천 년의 역사를 지나며
주님의 몸 된 교회는 든든히 섰으며
'사도신경'을 기준으로 신앙교리도 분명해졌다.

그릇된 진리는 발붙일 데가 없다.
허황된 교리로 교회를 어지럽혀서는 안 된다.
본문의 '부활이 지나갔다'는 말은
거짓 교사들의 영지주의적 표현을 말한다.

주께서 부활하셨으니 우리들도 부활하게 될 것인데
그것을 지난 일이라고 하며 그릇되게 가르치는 이들이 있어서
이것이 어떤 사람들의 믿음을 무너뜨리기도 한다는 것이다.
참된 지도자는 정말 선한 영향력을 행사해야 한다.

진리는 견고하며, 진리 위에 선 교회도 그렇다.
주님은 자기 백성을 잘 아신다.
이 사실을 믿고 주의 이름을 부르는 자들은
모든 불의와 죄악에서 떠나 진리 안에 거한다.

더 깊이 말씀을 묵상합니다.

🌿 성도 여러분!

불편한 것이 편해야 합니다. 서 있는 것보다는 앉으면 편하고, 앉는 것보다는 누우면 더 편합니다. 흙 속에 누워 있으면 더 편할 것이라는 말도 합니다. 지면에 접촉하는 면이 많을수록 편하답니다. 한창 코로나19 팬데믹으로 세상이 떠들썩할 때, 딸 가족이 태국 선교사로 출국하였습니다. 걱정하는 저에게 보낸 딸의 편지가 눈물겹습니다. **"불편한 것이 편하도록** 키워주신 아빠! 감사합니다."

🌿 신학생 여러분!

하고 싶은 말을 다하고 먹고 싶은 것 다 먹으며 살 수 없습니다. 지도자일수록 더욱 그렇습니다. 말씀으로 우주 만물을 창조하시고 다스리시는 하나님께서 우리들에게도 언행을 통하여 주님의 일을 감당하게 하셨습니다. **지도력은 영향력입니다.** 무엇이든 많은 것이 능사가 아닙니다. 방해가 될 수 있습니다. 때로 하나님께서 침묵하시는 것을 통하여 참된 영향력이 무엇인지를 배워야 합니다. 작은 것으로도 큰 능력을 발휘하는 지도자가 될 수 있습니다.

🌿 목회자들에게!

비밀이란 복잡하거나 어려워서가 아니라 모르기 때문에 비밀이라고 합니다. 비밀이란 알고 보면 쉬운 것입니다. 우리는 복음의 비밀을 맡은 자들입니다. 천국의 열쇠는 3927이라는 말도 세상 사람들은 알아듣지 못합니다. 아무리 중요한 것이라도 알아듣지 못하면 소용이 없습니다. "죄는 내가 지었으나 벌은 주님이 받으셨습니다."(손윤탁) "예수는 그리스도다."(사도 바울), **쉬운 말로 복음을 선포합시다.**

진리의 말씀에 의지하여 기도합니다.

🌿 어지러운 세상입니다. 말씀을 분별하기를 원합니다.

1. 말씀과 기도로 인하여 주님과 함께 하는 성도가 되게 하셔서
   주시는 능력으로 인하여 영적으로 바른 분별력을 가지게 하소서!
2. 세상과 교회를 어지럽히는 이단과 사이비들이 사라지게 하시고
   이로 인하여 분열된 교회들이 이제는 진리로 하나 되게 하소서!
3. 부족하고 연약하여 실수하기 쉬운 저희들이오니
   무익한 변론과 세상의 유혹에 현혹되지 않도록 지켜 주소서!

🌿 선한 영향력을 행사하는 교회와 성도되기를 원합니다.

1. 부끄러울 것이 없는 일꾼으로 쓰임 받기 위해서라도
   더욱더 큰 은혜를 사모하며 깨어 기도하는 저희들이 되게 하소서!
2. 교회가 선한 영향력을 행사하므로 바른 진리가 증거되게 하시며
   주님의 복음이 땅끝까지, 끝날까지 선포되게 하소서!
3. 견고한 진리 위에 선 교회들이 되어 실추된 명예를 회복하고
   자라는 세대들이 말씀의 바른 교훈과 지혜로 성장하게 하소서!

🌿 지난날에 대해 감사하며, 잘못된 일들이 회복되기를 원합니다.

1. 어려운 가운데서도 지켜 주신 하나님의 사랑을 감사합니다. 코로나19
   와 같은 팬데믹을 다스려 주셔서 더 큰 위기가 오지 않게 하소서!
2. 육신적인 질병과 마음의 상처로 힘들어하는 성도들이 많습니다.
   성령의 능력으로 치유하여 주시고 속히 건강을 회복하게 하소서!
3. 은혜를 사모하며 주일을 맞으면 예배와 기도로 모든 일을 시작합니
   다. 말씀으로 새로워지는 역사가 일어나게 놀라운 기회되게 하소서!

25

귀히 쓰임 받는 그릇

큰 집에는 금 그릇과 은 그릇뿐 아니라 나무 그릇과 질그릇도 있어 귀하게
쓰는 것도 있고 천하게 쓰는 것도 있나니 그러므로 누구든지 이런 것에서
자기를 깨끗하게 하면 귀히 쓰는 그릇이 되어 거룩하고 주인의 쓰심에 합
당하며 모든 선한 일에 준비함이 되리라

딤후 2:20-21

1.
우리는 그릇이다.

큰 그릇이 되자.
큰 나무가 되자!
그래서 겨자씨 비유를 자주 말한다.
마태복음 13장 31-32절의 말씀이다.

겨자씨에는 ① 생명이 있다.
지금은 어리고 작지만 크게 자란다.
나물과는 비교가 되지 않기에
풀과 다른 나무로서의 ② 초월성이다.

새들이 와서 깃들이는 나무!
이것이 큰 나무가 갖는 ③ 영향력이다.
금 그릇과 은 그릇, 나무 그릇과 질그릇도 있지만
귀히 쓰는 것도 있고 천하게 쓰는 것도 있는 것처럼!

2.
귀한 그릇은 쓰임 받는 그릇이다.

하나님께서 쓰시는 그릇(일꾼)들이 되어야 한다.
사용하시는 분은 하나님이시다.
바울은 '토기장이의 비유'를 통하여
빚어질 때부터 구별된 우리들임을 밝힌다.

"토기장이가 진흙 한 덩이로
하나는 귀히 쓸 그릇을,
하나는 천히 쓸 그릇을 만들 권한이 없느냐"(롬 9:21)
이 일은 창세전부터 예정된 것이라 한다(엡 1:4-5).

귀하게 쓰시려고 예정하시고 부르시고…
그런데도 우리는 어떻게 사는가?
이스라엘이 고난 받는 이유를 이사야는 설명한다.
질그릇 같은 인생들이 하나님의 화를 자초하고 있으니…

"질그릇 조각 중 한 조각 같은 자가
자기를 지으신 이와 더불어 다툴진대
화 있을진저 진흙이 토기장이에게 너는 무엇을 만드느냐
또는 네가 만든 것이 그는 손이 없다 말할 수 있겠느냐"(사 45:9)

3.
준비된 그릇이 되어야 한다.

더럽고 추한 그릇을 귀하게 쓸 수 없다.
깨끗한 그릇이 되어야 한다.
"누구든지 이런 것에서 자기를 깨끗하게 하면
귀히 쓰는 그릇이 되어 … 선한 일에 준비함이 되리라."(딤후 2:21)

거룩하다는 말은 ① 깨끗하다는 말이다.
물론 매우 ② 지존하다는 뜻이다.
매우 ③ 위대하다는 뜻이며, 의롭다는 말이다.
어디를 보아도 깨끗한 구석이 없는 우리들인데…

우리를 의롭다, 정결하다, 깨끗하다 하시려고
우리 주 예수께서 대가를 지불하셨다.
십자가 위에서 살을 찢으시고 피를 흘리셨으니
"모든 불의에서 우리를 깨끗하게 하신다."(요일 1:9)

예수 그리스도 외에는 깨끗하게 될 방법이 없다.
무한청정을 이야기하는 인간적인 방법에 속지 말자.
동시에 주께서 깨끗하신 것을 속되다 하지 말자.
욥바에서 베드로에게도 이 말씀을 하셨다(행 10:15).

4.

질그릇이라도 보배를 가지면 귀한 그릇이다.

무엇을 담고 있느냐 하는 이야기다.

"내 안에 계신 성령님!"

물이 담긴 컵이 물 컵, 기름이 담기면 기름병!

성령님을 모시고 사니까 성전인 것이다.

"너희는 너희가 하나님의 성전인 것과

하나님의 성령이 너희 안에 계시는 것을 알지 못하느냐"

"누구든지 하나님의 성전을 더럽히면

하나님이 그 사람을 멸하시리라."(고전 3:16-17)

물론 더 놀라운 약속도 있다.

사방으로 욱여쌈을 당하여도 싸이지 않는 이유가 있다.

우리들이 이 보배를 질그릇에 가졌기 때문에

하나님의 심히 큰 능력이 우리 안에 있다(고후 4:7-8).

질 그릇 같고, '연약한 그릇'(벧전 3:7) 같은 성도이지만

기도를 통하여 생명의 은혜를 이어 받을 동역자가 되자,

"질그릇같이 연약한 인생 주 의지하여 늘 강건하리"(찬송 67장)

나귀 새끼처럼 주께서 쓰시면 귀한 그릇이 될 수 있다는 말이다.

더 깊이 말씀을 묵상합니다.

❧ 성도 여러분!

'성도'라는 말은 '거룩한 사람들'이라는 의미지만 완전히 거룩한 사람들은 아닙니다. 예수님이 십자가에서 우리들의 죄를 위하여 친히 피를 흘려주심으로 이 사실을 믿는 자들에 한하여 하나님께서 의롭다고 인정해 주신 것입니다. 아직은 질그릇 같은 인생이지만 거룩한 성령님을 모시고 살아가기 때문에 우리들은 성도요, 성전인 까닭에 언제나 '**내 안에 계신 성령님**'을 의지해서 살아야 합니다.

❧ 신학생 여러분!

영적인 지도자로서 명심해야 할 성경 구절이 "네 양 떼의 형편을 부지런히 살피며 네 소 떼에게 마음을 두라"(잠 27:23)는 말씀입니다. 성도들은 연약한 그릇들입니다. **기대하는 마음보다는 긍휼히 여기는 마음**이 필요합니다. 미워하거나 싫어할 대상도 아닙니다. 더구나 내 양으로 오해하는 일도 없어야 합니다. 목자요, 주인이신 분은 하나님이십니다. 우리는 주님의 뜻에 따라 돌보는 양치기들입니다.

❧ 목회자들에게!

바른 말만 하는 목회자는 정작 본인은 그렇지 못하면서도 바르게 산다고 착각합니다. 바울은 썩지 아니할 면류관을 바라보고 달려감에도 불구하고 "내가 남에게 전파한 후에 자신이 도리어 버림을 당할까 두려워함"(고전 9:27)으로 스스로의 몸을 쳐 복종하게 한다고 고백합니다. 쓰임받는 도구들이 되기 위해서라도 목회자들은 늘 '**깨끗한 그릇이 되는**' 일에 힘써야 합니다.

먼저 주님 앞에 드려야 쓰임을 받습니다.

부족한 내 모습 이대로 주님 앞에 드립니다.

1. 언제나 어긋난 딴 길로만 가는 저희들입니다.
   우리의 죄를 자복하고 회개합니다. 용서하여 주옵소서!
2. 의롭다 인정해 주신 거룩한 사랑에 힘입어 살게 하시고
   초지일관(初志一貫), 믿음이 변하지 않도록 인도하여 주옵소서!
3. 주께서 함께 하심으로 내 안에 생명이 있음을 인정합니다.
   나날이 주께로 더 가까이 나아가는 삶 되게 하소서!

주님께 쓰임 받는 귀한 그릇들이 되게 하소서

1. 큰 나무, 큰 그릇, 새들이 깃들일 수 있는 영향력으로
   세상과 이웃에게 주님의 영광을 나타내는 종들이 되게 하소서!
2. 깨끗하게 하시고, 준비되게 하시고, 거룩하게 구별하셨으니
   이제는 쓰임 받게 하소서! 귀한 그릇이 되게 하소서!
3. 스스로 속되다고 하거나 자신을 비하하지 않게 하시고
   세상을 보고 낙심하거나 좌절하지 않고 당당하게 하소서!

주의 성전으로서 성령과 능력으로 늘 충만하게 하소서!

1. 언제나 내 안에 계신 성령님과 교통하게 하시고
   기도와 말씀을 읽고 듣는 일에 더욱 힘쓰게 하소서!
2. 신앙생활에 방해가 되는 질병과 고통과 빈핍함을 물리치사
   오직 주님의 일에만 전력하는 저희의 삶 되게 하소서!
3. 범사가 형통함으로 하나님 나라가 이 땅에도 임하게 하시고
   영원한 하나님 나라를 위한 일꾼들이 될 수 있게 하소서!

26

어리석은 변론을 버리라

또한 너는 청년의 정욕을 피하고 주를 깨끗한 마음으로 부르는 자들과 함께 의와 믿음과 사랑과 화평을 따르라 어리석고 무식한 변론을 버리라 이에서 다툼이 나는 줄 앎이라 주의 종은 마땅히 다투지 아니하고 모든 사람에 대하여 온유하며 가르치기를 잘하며 참으며 거역하는 자를 온유함으로 훈계할지니 혹 하나님이 그들에게 회개함을 주사 진리를 알게 하실까 하며 그들로 깨어 마귀의 올무에서 벗어나 하나님께 사로잡힌 바 되어 그 뜻을 따르게 하실까 함이라

딤후 2:22-26

1.
주께서 쓰시는 그릇들이기에

성도들은 주께서 쓰시는 그릇이다.
이왕이면 귀하게 쓰임을 받아야 한다.
주께서 그 뜻대로 쓰신다 할지라도
깨끗함으로 준비된 그릇(딤후 2:21)이 되어야 한다.

거룩하다는 말은 깨끗하다는 말이다.
거룩하다는 말은 구별된 것을 의미한다.
거룩하다는 말은 고귀하다는 뜻이다.
거룩하다는 것은 높고 위대함을 일컫는다.

추하다는 말이 어떤 뜻인지 잘 알고 있다.
성도들의 모습이 아름다워야 한다.
외모나 쓰는 말씨나 삶 자체가 달라야 한다.
이웃과의 관계에서도 품위와 덕망이 있어야 한다.

2.
품위 있는 삶을 위하여

남다른 모습으로 앞에 선다는 것!
더구나 지도자의 자리를 지킨다는 것이
얼마나 힘들고 어려운 일인지 모른다.
그래서 바울은 먼저 내적 품위를 강조한다.

정욕, 그것도 ① 청년의 정욕을 피하라고 한다.
피해야 할 정욕을 쾌락, 욕망, 방종으로 해석한다.
욕심이 없는 사람이 어디에 있으랴마는
절제가 어렵다 해도 반드시 피해야 할 것이 있다.

가지면 더 가지고 쉽고(소유욕)
지위를 얻고 지식이 풍부해도(권력, 명예욕)
피할 수 없는 본능이 사람의 욕심(정욕)이다.
욕심에서 자유로울 사람이 누가 있겠는가?

지나치면 문제가 된다.
'청년의 정욕을 피하라'는 권면은
그리스도인으로서의 품위를 지키고
지도자로서의 자긍심을 버리지 말라는 교훈이다.

3.
주님을 '깨끗한 마음으로' 부르는 자들과 함께

스바냐 선지자는 '깨끗한 입술'을 강조했다.
"그때에 내가 여러 백성의 입술을 깨끗하게 하여
그들이 다 여호와의 이름을 부르며…"(습 3:9)
마음이 깨끗할 때에 그 입술의 찬양도 아름답다.

"너의 하나님 여호와가 너의 가운데에 계시니
그는 구원을 베푸실 전능자이시라 그가 너로 말미암아
기쁨을 이기지 못하시며 너를 잠잠히 사랑하시며
너로 말미암아 즐거이 부르며 기뻐하시리라."(습 3:17)

② "깨끗한 마음으로 주를 부르는 자들과 함께하여
의와 믿음과 사랑과 화평을 좇으라"고 하신다.
성도들은 하나님 앞에서 뜻을 같이 하는 사람들이다.
의를 이루고 사랑하며 믿음으로 평화를 이루어야 한다.

상대적으로 비교가 되는 말씀이 고린도후서에 나온다.
"너희는 믿지 않는 자와 멍에를 함께 메지 말라."(고후 6:14)
불신자와의 교제를 끊어야 한다는 해석은 과장된 것이다.
불신자들과 불법을 행하는 일에 어울리지 말라는 뜻이다.

4.
그러나 이것만은 확실하게 피해야 한다.

③ 어리석고 무식한 변론을 피해야 한다.
인터넷과 무선통신의 발달로 온갖 소문이 무성하다.
사사시대를 방불케 하는 자기소견의 횡포(삿 17:6)와
그릇된 정보로 인한 폐해가 보통 심각한 것이 아니다.

일찍부터 종말에 대한 교훈으로 훈계하였음에도
온유하며, 가르치기를 잘하며, 참아야(딤후 2:24)함에도
다투고 거역하며, 선량한 자들을 유혹하는 것도 모자라
참소하고 정죄하여 심판에 이르게 하려고 하는 세상이다.

그래서 바울은 '온유한 훈계'를 거듭거듭 강조한다.
"혹 하나님이 그들에게 회개함을 주사 진리를 알게
하실까 하며… 하나님께 사로잡힌 바 되어
그 뜻을 따르게 하실까 함이라."(딤후 2:25-26)

깨어 있어 마귀의 올무에서 벗어나야 할 때가 지금이다.
대적 마귀가 우는 사자와 같이 두루 다니며
삼킬 자를 찾고 있는(벧전 5:8-9) 마지막 때인, 지금
근신하고 깨어 있어야 하며, 믿음을 굳건하게 해야만 한다.

더 깊이 말씀을 묵상합니다.

🌿 성도 여러분!

때를 분별해야 합니다. 세상 사람들도 말세라고 합니다. 말세 중에도 마지막이라 하여 末世之末(말세지말)이라는 표현까지 씁니다. 예수님께서 이미 말씀하신 징조가 여기저기에서 나타나고(막 3:5-23), 코로나 팬데믹 같은 질병은 **인간능력의 한계**를 보여 주었습니다. 이럴 때일수록 더욱 분명해야 할 믿음이 흐트러지고 이리저리 방황하는 모습을 보면 마지막 '그날'에 대한 훈련이 얼마나 미약한가를 깨닫습니다.

🌿 신학생 여러분!

영적인 사역을 준비하는 사람일수록 **마귀의 실체**를 바로 알아야 합니다. 사탄의 존재를 과대평가하는 일도 없어야 하지만 너무 과소평가하는 일도 없어야 합니다. 물론 사탄은 타락한 천사장이라 대단한 능력을 가지고 있습니다. 유혹이 통하지 않으면 참소까지 합니다. 보디발의 아내가 대표적인 사탄의 모델입니다. 시위대장의 아내라는 권세와 날마다 요셉을 유혹하는 일이며 결국 죄 없는 요셉에게 죄를 뒤집어씌워 참소합니다. 이를 이길 수 있는 준비된 영적 사역자들이 되시기 바랍니다.

🌿 목회자들에게!

같은 고양이과에 속한 동물이지만 고양이는 세계의 어디에 가도 있으나 호랑이는 동물원에 가야 볼 수 있습니다. 같은 개과 동물이지만 온순한 개는 어디에서나 볼 수 있으나 늑대는 그렇지 않습니다. 섬기는 지도자의 모습은 인내와 겸손과 **온순함이 생명입니다.** 강한 이빨은 부러져도 부드러운 혀는 언제나 그대로입니다. 싸움과 다툼을 통한 이김은 승리가 아닙니다. 백번이라도 화해하는 것이 이기는 것입니다.

종말의 때, 시대를 분별하는 지혜를 허락하옵소서!

순수하고 깨끗한 믿음으로 승리하게 하소서!

1. 주께서 원하시는 그 한 사람을 찾으시는 하나님!
   거룩하고 깨끗한 그릇으로 쓰임 받는 성도들이 되게 하소서!
2. 타인이나 이웃에게 추한 모습을 보이지 않기 위해서라도
   외모와 말씨, 삶 자체에도 성도의 품위가 나타나게 하소서!
3. 자신과 가정을 위해서도 늘 정결하게 하시고
   세상적인 정욕이나 쾌락, 잘못된 유혹에 넘어가지 않게 하소서!

세상의 빛이 되고, 등대가 되는 교회 되게 하소서!

1. 마지막 때인 만큼 교회가 큰 위기를 겪고 있습니다.
   성도들의 심령을 보호하여 주셔서 깨끗한 입술로 찬양하게 하소서!
2. 교회의 일원인 성도들이 믿음과 사랑과 화평으로 무장함으로
   세상적인 방법이나 세속적인 습성에 물들지 않게 지켜주시옵소서!
3. 불평이나 원망이 없게 하시고 스스로의 자리를 잘 지켜
   불의한 일이나 불법을 행하는 일에 현혹됨이 없게 하소서!

시대를 분별함으로 깨어 기도하게 하소서!

1. 모든 것이 정지되어 있는 것 같으나 시간은 흐르고 있습니다.
   우리에게 덧없는 크로노스가 카이로스(기회)가 되게 하소서!
2. 사탄의 유혹과 횡포가 점점 극에 달하고 있습니다.
   회개와 치유와 회복의 역사로 인하여 승리하게 하소서!
3. 온유와 겸손과 인내와 절제의 교훈을 따르게 하시고
   근신하고 깨어 기도함으로 더욱 믿음을 굳건하게 하옵소서!

27

고통 하는 때가 이르리니

너는 이것을 알라 말세에 고통 하는 때가 이르러 사람들이 자기를 사랑하며 돈을 사랑하며 자랑하며 교만하며 비방하며 부모를 거역하며 감사하지 아니하며 거룩하지 아니하며 무정하며 원통함을 풀지 아니하며 모함하며 절제하지 못하며 사나우며 선한 것을 좋아하지 아니하며 배신하며 조급하며 자만하며 쾌락을 사랑하기를 하나님 사랑하는 것보다 더하며 경건의 모양은 있으나 경건의 능력은 부인하니 이같은 자들에게서 네가 돌아서라 그들 중에 남의 집에 가만히 들어가 어리석은 여자를 유인하는 자들이 있으니 그 여자는 죄를 중히 지고 여러 가지 욕심에 끌린 바 되어 항상 배우나 끝내 진리의 지식에 이를 수 없느니라 얀네와 얌브레가 모세를 대적한 것 같이 그들도 진리를 대적하니 이 사람들은 그 마음이 부패한 자요 믿음에 관하여는 버림 받은 자들이라 그러나 그들이 더 나아가지 못할 것은 저두 사람이 된 것과 같이 그들의 어리석음이 드러날 것임이라

딤후 3:1–9

1.
말세, 고통 하는 때!

주께서 이미 말세의 징조에 대하여 말씀하셨다.
많은 사람들이 주의 이름으로 그리스도라 하며
난리와 난리의 소문을 듣게 되며
민족과 민족이, 나라와 나라가 대적하며

곳곳에 기근과 지진이 일어나고
믿는 사람들이 큰 환난을 당할 것이며
그리스도인들이 미움을 받을 뿐 아니라
서로 잡아주는 때가 올 것이다.(마 24:1-14; 막 13:1-13).

그러나 이 마지막 때에 큰 고통이 따른다 할지라도
① 미혹을 받지 않도록 주의하라(마 24:4; 막 13:5)
② 끝까지 견디는 자가 되라(마 24:13; 막 13:13).
③ 항상 기도하며 깨어 있으라(눅 21:36) 부탁하였다.

2.
말세에 나타날 구체적인 죄목들

바울의 교훈은 옛날이야기가 아니고
오늘날 교회와 성도들에게 나타나는 죄의 유형들이다.
이로 말미암아 이때에 고통을 야기하는 죄목들이다.
우리들에게 열아홉 가지의 죄를 구체적으로 지적한다.

자기를 사랑하며 돈을 사랑한다.
자랑(뽐내는 일)과 교만과 비방을 일삼는다.
부모를 거역하며 감사하지 아니한다.
거룩해야 할 성도들이 거룩하지 못하다(2절).

무정한데다 원통함을 풀지 않는다.
모함(남을 비방)하는 것을 좋아하며
절제하지 못하고 난폭한(사나운) 데다가
선한 것을 좋아하지 않으니 심각하다(3절).

배신하며, 조급하며, 자만하며
하나님보다 쾌락을 더 사랑한다.
겉으로는 경건한 척하지만 실제로는 부인한다.
이들과 오히려 짝하지 말라고 경고한다(4절).

3.
거짓 교사들과 지도자들의 등장

종말의 때에 가장 주의해야 할 존재들이
거짓 교사들, 삯꾼 목자들, 가만히 들어온 이단들이다.
심방을 빙자하여 남의 집 안방까지 들어온다.
그리고 어리석은 여자들을 유혹한다.

가정예배의 중요성은 아무리 강조해도 지나침이 없다.
초대교회도, 경건주의 운동도 모두 가정에서 시작되었다.
한국 교회도 알렌의 집에서 드린 첫 주일예배로 시작되었다.
그래서 가장이 중심이 되는 가족예배를 늘 강조했다.

동시에 강조하는 것이 심방목회다.
건전한 심방을 위하여 엄격한 규율을 가르친다.
단독 심방은 물론 지켜야 할 원칙이 있다.
자칫 여러 가지 욕심에 이끌릴 수 있기 때문이다.

피택자들의 훈련이나 구역장 공부시간에도
같은 훈련을 반복하지만 이것은 매우 중요한 일이다.
호기심과 욕심에 이끌려 감탄하면서 따라가는 일이,
이단과 사이비 집단에 걸려드는 일이 여전하기 때문이다.

4.
얀네와 얌브레가 모세를 대적한 것 같이

모세를 대적한 얀네와 얌브레!
구약성경 어디에서도 찾을 수 없는 인물이다.
히브리 후기 문서에 '애굽의 술객'으로 등장하나
'모세의 대적자'라는 표현 하나로 우리는 결말을 잘 안다.

거짓 교사와 이단들의 선동을 따르는 자들은
항상 배운다고 하나 진리의 지식에 이르지 못한다.
결국 진리를 대적한 자들의 마지막이 어떠할까?
마음이 부패하고, 믿음을 버리는 자들이다.

더 나아가기를 원하지만 나아가지 못한다.
출애굽의 역사에 동참하고도 광야에 이르러
모세를 대적하다가 땅에 삼킨 바 된 자들처럼
그들과 같은 어리석음을 따르는 일이 없어야 한다.

말세지말(末世之末)의 때가 이르렀기에
고통의 때가 되었음을 거듭 상기시키며
바른 지혜와 지식으로 깨어 기도하는 것이
승리하기를 열망하는 바울의 마음일 것이다.

더 깊이 말씀을 묵상합니다.

🌿 성도 여러분!

무서운 세상입니다. 가짜가 진짜처럼 보이고, 거짓이 진리를 이기려고 합니다. 그렇다고 성도들까지도 그들과 같을 수는 없습니다. **신앙의 원칙과 기준**을 알아야 합니다. 첫째는 성경입니다. 둘째는 신앙적인 전통입니다. 역사적인 기준을 무시할 수 없습니다. 셋째는 실제적이어야 합니다. 바람을 잡는 것과 같은 신앙이 아니라 철저하게 실천적이어야 합니다. 고통하는 때일수록 더욱 바른 신앙의 기준을 가져야 합니다.

🌿 신학생 여러분!

사람의 생각은 천차만별입니다. 자기주장을 내세우다 보면 큰 논쟁으로 이어지기도 합니다. 물론 당당하게 자기 생각을 표현할 수 있어야 합니다. 그러나 그것이 변론이나 다툼이 되지 않도록 하는 훈련이 필요합니다. **변론과 다툼**은 시간도 버리게 하지만 마음도 상하게 합니다. 인내하는 방법도 배워야 하지만, 하나님께 지혜를 구하는 것도 중요한 방법이자 훈련입니다.

🌿 목회자들에게!

목회는 영적인 사역입니다. 목회현장의 문제는 '**무릎으로 감당**'해야 합니다. 물론 설득으로 해결되는 일도 있습니다만 영적인 문제를 인간적인 방법으로 접근하다가 실패한 경우도 적지 않습니다. 잘해보려고 시도한 대화가 오히려 빌미가 되는 일도 있습니다. 때로는 인내하며 기다려야 할 경우도 있지만 때를 기다리든 당장 담판을 짓든 무릎은 필수입니다. 우리가 존경하는 큰 어른들도 눈물로 목회하셨다는 교훈을 잊지 마시기 바랍니다.

때를 분별하여 깨어서 기도하게 하소서!

이미 때가 이르렀으니 지금 깨어나 기도하게 하소서!

1. 질병이나 거짓된 진리와 뉴스가 세상을 어지럽힙니다.
   유혹에 넘어가지 않게 하도록 성령께서 저희들을 지켜주소서!
2. 믿음의 사람들이 당하는 어려움이 너무 많습니다.
   끝까지 견디며 인내하여 승리하는 저희들 되게 하소서!
3. 낙심하고 좌절하여 포기하고 싶을 때가 많습니다.
   믿음을 지키며 깨어 기도하는 저희들이 되게 하여 주소서!

엄청난 유혹과 수많은 죄악이 세상에 가득합니다.

1. 분별의 영을 허락하여 주소서!
   이러한 죄악에 물들지 않는 정결한 성도들이 되게 하소서!
2. 회개의 영을 허락하여 주소서!
   알게 모르게 지은 죄들이 많습니다. 용서하여 주옵소서!
3. 지혜의 영을 허락하여 주소서!
   감사와 찬송과 말씀을 통하여 나날이 새로워지게 하소서!

주어진 책임과 사명을 위하여 기도합니다.

1. 가정과 교회, 주어진 사업과 직장 일에 충성하게 하시고
   이 모든 것의 주인은 주님이시오니 더욱 번성하게 하소서!
2. 우리들 개개인이 건강과 앞길을 평탄하게 하시고
   세상이 저희들을 보고 주님께 영광을 돌리게 하옵소서!!
3. 말씀에 순종함으로 대적함이 없게 하시고 순적하게 하시고
   범사가 다 주의 손에 있사오니 만사가 형통하게 하소서!

28

배우고 확신한 일에 거하라

나의 교훈과 행실과 의향과 믿음과 오래 참음과 사랑과 인내와 박해를 받음과 고난과 또한 안디옥과 이고니온과 루스드라에서 당한 일과 어떠한 박해를 받은 것을 네가 과연 보고 알았거니와 주께서 이 모든 것 가운데서 나를 건지셨느니라 무릇 그리스도 예수 안에서 경건하게 살고자 하는 자는 박해를 받으리라 악한 사람들과 속이는 자들은 더욱 악하여져서 속이기도 하고 속기도 하나니 그러나 너는 배우고 확신한 일에 거하라 너는 네가 누구에게서 배운 것을 알며 또 어려서부터 성경을 알았나니 성경은 능히 너로 하여금 그리스도 예수 안에 있는 믿음으로 말미암아 구원에 이르는 지혜가 있게 하느니라 모든 성경은 하나님의 감동으로 된 것으로 교훈과 책망과 바르게 함과 의로 교육하기에 유익하니 이는 하나님의 사람으로 온전하게 하며 모든 선한 일을 행할 능력을 갖추게 하려 함이라

딤후 3:10-17

1.
고난 받은 바울의 자기 고백

디모데는 바울의 신실한 제자다.
디모데의 스승이요, 믿음의 아비인 바울이다.
디모데는 바울의 삶을 잘 알고 있는 사람이다.
모든 것을 그와 함께 겪었기 때문이다.

바울의 교훈과 생활양식, 삶의 목표
바울의 끈기와 믿음과 자비로움과 인내심
어떠한 박해와 고난에도 이겨내었으되
안디옥과 이고니온과 루스드라에서 당한 일들

특별히 사도행전 14장의 사역을 되짚어보면
고난으로 인하여 얻은 제자가 디모데임을 알게 된다.
"바울이 더베와 루스드라에도 이르매
거기 디모데라 하는 제자가 있으니"(행 16:1)

2.
무릇 경건하게 살고자 하는 자는?

바울이 겪은 모든 일을 보고 듣고 경험한 디모데다.
"네가 과연 보고 알았거니와"(딤후 3:11)
이 모든 고난 중에서도 구하신 분은 주님이시다.
그래서 내린 분명한 결론이 이 교훈의 핵심이다.

"무릇 그리스도 예수 안에서
경건하게 살고자 하는 자는 박해를 받으리라."(딤후 3:12)
세상이 우리를 미워한다고 해도 이상히 여기지 말라는
사도 요한의 가르침을 기억하여야 한다(요일 3:13).

그날이 가까울수록
종말이 가까울수록 더하면 더했지 덜하지는 않을 것이다.
더 피할 수 없는 일일 수도 있다.
더욱 더 파렴치한 방법으로 악용할 수도 있다.

소문이요, 한갓 추측이기를 바라지만
방역을 핑계로, 시대적인 여건이나 부득이함을 전제로
더욱 더 악한 방법과 이기적인 수단을 통하여
속이기도 하지만 스스로도 속는 일들이 비일비재한 것이다.

3.
배우고 확신한 일에 거하라.

방법은 너무나 분명하다.
깨어 있어야 하며 지혜로워야 한다.
"그러나 너는 배우고 확신한 일에 거하라."(딤후 3:14)
주 안에서, 믿음(확신)으로 말씀 안에 거하여야 한다.

함께 겪고 보면서 배운 그대로
어려서부터 알고 익힌 성경 말씀대로
더욱 더 배우고 확신한 일에 거하여야 한다.
다른 방법도 없거니와 때가 이르렀기 때문일 것이다.

성경은 구원에 이르는 지혜를 가르쳐 준다.
그리스도 예수 안에 있는 믿음을 알게 한다.
교훈과 책망과 바르게 함과 의로 교육하기에 유익하다.
하나님의 사람으로 온전하게 한다.

하나님의 사람으로서 알고 배운 대로 깨닫기도 하지만
아는 대로 깨달은 대로 행할 수 있는 능력이 문제다.
선하게, 바르게, 의롭게 살아야 하는 데도, 힘이 없는 데도
성경은 모든 선한 일을 행할 능력까지도 갖추게 한다.

4.

하나님의 감동으로 기록된 성경

성경은 하나님의 말씀이다.
하늘과 땅, 온 우주와 모든 만물을 창조하시되
말씀으로 만드신 하나님이시다.
그 하나님의 말씀이 바로 성경이다.

모든 성경은 하나님의 감동으로 기록되었다.
His Inspiration(In + Spirit)으로 기록된 말씀이다.
말씀 자체에 능력이 숨겨져 있다.
우리는 영에 속한 신령한 그리스도인들(고전 2:15)이다.

영적 세계는 인간적인 눈으로는 보이지 않는다.
하물며 세상 작품도 같은 영감을 가지지 않으면
그 작품을 가진 세계를 이해할 수 없다.
말씀을 듣고, 읽을 때에도 같은 영감을 받아야 한다.

"우리가 세상의 영을 받지 아니하고
오직 하나님으로부터 온 영을 받았으니
이는 우리로 하여금 하나님께서
우리에게 은혜로 주신 것들을 알게 하려 하심이라."(고전 2:12)

더 깊이 말씀을 묵상합니다.

성도 여러분!

성령의 감동으로 기록된 성경입니다. 성경을 읽는 사람들도 같은 감동과 영감을 받아야 합니다. 사람들에게 웃음을 주는 코미디 프로는 희극이지만 바보들의 흉내를 내는 코미디언의 연기를 보고 오히려 웃지 않는 사람들이 있습니다. 같은 처지에 있는 가족들은 희극이 아니라 비극으로 느낍니다. 성경을 읽는 성도들도 저자들과 같은 성령의 감동을 받으려면 젊은이들의 말로 **필(feel)이 통해야 합니다.** 반드시 기도한 후에 성경을 읽는 것도 같은 이유입니다.

신학생 여러분!

1910년 에딘버그에서 열린 세계선교사대회에서 사무엘 마펫 선교사는 100년 후의 한국 교회를 이야기했습니다. 일본과 중국, 러시아의 틈바구니에서 가장 수치스러운 역사를 겪고 있던 그때에 선교사님은 100년 후에는 한국은 동양의 삼국을 정신적으로 지배하는 영적 대국이 될 것이라고 예언하였습니다. 아무도 믿지 않았습니다. 그러나 100년이 지났습니다. 어떻게 되었습니까? 예언의 근거는 분명합니다. 한국 교회의 성도들은 '**성경을 읽는 민족**'이기 때문이라는 것이었습니다.

목회자들에게!

알고(知) 깨닫는 일(情)도 중요합니다. 그러나 더 중요한 것은 실천적인 삶(意)입니다. 그러나 아무리 전인적인 지정의를 이야기한다고 해도 교회 **지도자의 능력은 영력**입니다. 우리들에게는 빛이 없습니다. 목사도 반사체에 불과합니다. 발광체는 우리 주님이십니다. 반사체인 달과 별이 발광체인 태양을 마주 대하고 있어야 하는 것처럼 목회자들의 얼굴 방향은 언제나 주님을 향하고 있어야 합니다.

배우고 확신하는 일에 거하게 하소서!

고난과 고통이 있는 이 시대입니다.

1. 어려운 중에도 지켜주신 하나님! 감사합니다.
   내일을 향한 소망과 믿음으로 오늘의 고난을 이기게 하소서!
2. 힘든 일을 겪는다고 해도 현장에서 함께 하시는 하나님!
   우리와 동행하시는 주님만을 바라보는 저희들이 되게 하소서!
3. 점점 더 핍박과 비난이 극심해지고 있습니다.
   이를 이상히 여기기보다 이들을 위해 더 많이 기도하게 하소서!

배우고 확신한 일에 거하게 하소서!

1. 깨어 있어야 하며, 지혜로워야만 하는 때입니다.
   주 안에서의 믿음과 말씀 안에 거하는 저희들이 되게 하소서!
2. 성경은 구원에 이르는 지혜의 책임을 믿습니다.
   읽고 듣고 배우는 일을 소홀이 여기는 일이 없게 하소서!
3. 말씀을 통하여 하나님의 사랑을 알고 깨닫는 대로
   저희들도 말씀대로 행할 수 있는 힘과 능력을 주시옵소서!

저희들에게도 성령의 감동을 주소서!

1. 하늘과 땅과 우주와 만물을 말씀으로 창조하신 하나님!
   말씀을 사모하며 그 안에서 사는 저희들이 되게 하소서!
2. 말씀대로 십자가의 피로 우리를 온전하게 하신 예수님!
   모든 질병과 고통을 주님의 이름으로 물리쳐 주소서!
3. 우리 안에 오셔서 우리의 몸을 성전 삼아주신 성령님!
   성령님의 열매를 많이 맺는 복된 나날이 되게 하소서!

29

시류(時流)에 흔들리지 말라

하나님 앞과 살아 있는 자와 죽은 자를 심판하실 그리스도 예수 앞에서 그가 나타나실 것과 그의 나라를 두고 엄히 명하노니 너는 말씀을 전파하라 때를 얻든지 못 얻든지 항상 힘쓰라 범사에 오래 참음과 가르침으로 경책하며 경계하며 권하라 때가 이르리니 사람이 바른 교훈을 받지 아니하며 귀가 가려워서 자기의 사욕을 따를 스승을 많이 두고 또 그 귀를 진리에서 돌이켜 허탄한 이야기를 따르리라 그러나 너는 모든 일에 신중하여 고난을 받으며 전도자의 일을 하며 네 직무를 다하라

디모데후서 4:1-5

1.
시간과 공간을 초월하신 주 앞에서

하나님 나라는 영원하다.
일시적인 시류를 따르는 세상과는 다르다.
하나님 나라는 하나님의 소유이다.
하나님께서 친히 다스리시는 나라다.

우리들과 함께 하신다.
바울은 그분의 이름을 거명하며
그분 앞에서 그 나라를 두고
디모데와 우리들에게 엄히 명령한다.

하나님 앞에서
산 자와 죽은 자를 심판하실 그리스도 예수 앞에서
그의 나타나실 것과 그의 나라를 두고
그래서 큰 명령, 위대한 명령, 바울의 지상명령이다.

2.
너는 말씀을 전파하라.

어려서부터 알았던 그 성경이다.
배우며 확신하는 일에 거하라고 하시며
믿음으로 말미암아 구원에 이르는 지혜가 담긴
하나님의 감동으로 된 그 말씀을 선포하라고 하신다.

핑계하지 말라고 하신다.
때를 얻든지 못 얻든지
말씀을 전파하는 이 일에
항상 힘쓰라고 하신다.

꾸준히 전하고
끝까지 참고 가르치며
때로 사람들을 책망(경책)하고
훈계(경계)하며 격려하라고 하신다.

이 시대의 교회와 성도들이 해야만 할 일이
바로 복음 전도며 말씀 전하는 일이다.
안 믿는 사람들을 믿게 만들고
믿는 사람들은 더 잘 믿게 하는 일이다.

3.
그러나 부정적인 시류가 문제다.

견고하며 흔들리지 않아야 한다.
이미 종말의 징조에 대하여 살펴보았다.
때가 이르면 사람들이 바른 교훈을 거절할 것이다.
건전한 가르침을 듣기 싫어한다는 말이다.

귀를 즐겁게 하는, 자기 듣기 좋은 말만 듣는다.
가르치는 사람도 배우는 사람이 선택한다.
자기 사욕을 따르기 위해서다.
그래서 마음에 맞는 교사들만 끌어들인다.

망령된 신화를 좋아한다.
꾸며낸 이야기를 따르는가 하면
허탄한 소리에 오히려 귀를 기울일 것이다.
이러한 종말의 징조에 휩쓸리지 않아야 한다.

내 부모님의 말씀보다 타인의 말을 신뢰하고
교회의 가르침보다는 세상의 소리에 귀를 기울이고
진리를 따르는 것보다 자기 흥미 위주로 나가다보니
이단이 설치고 사이비가 판치는 세상이 되고 만다.

4.
그러나 너는…

이러한 시류에 흔들리지 않아야 한다.
말씀을 전파하여야 한다.
더욱더 굳건한 믿음을 지켜야 한다.
바르게 분별할 줄 알아야 한다.

정신을 차리고
고난을 이기며
복음 전하는 일에 더욱 힘쓰며
나의 직무 감당에 최선을 다해야 한다.

오늘의 성도들도 마찬가지다.
이미 이 시대가 도래하였다.
깨어 근신하여야 한다.
인내로 끝까지 참아야 한다.

너희 인내로 너희 영혼을 얻으리라(눅 21:19).
끝까지 견디는 자는 구원을 얻으리라(마 24:13).
예수님의 말씀에 따른 바울의 권고는
오늘 이 시대에 우리들을 향한 권면이다.

더 깊이 말씀을 묵상합니다.

🌿 성도 여러분!

엄마가 어린아이를 데리고 이웃집을 방문했습니다. 대화하는 사이에 아이는 이웃집 주인의 화장대를 엉망으로 어지럽혀 놓았습니다. 엄마는 아이를 책망하였으나 주인아주머니는 친절하게도 괜찮다고 하십니다. 아이가 더 신이 나서 화장품을 가지고 놉니다. 어머니가 화가 나서 꾸중합니다. "엄마, 아줌마가 괜찮다고 하잖아요!" 그렇습니다. '**분별의 능력**'은 가르침으로부터 시작됩니다. 그냥 지나치면 안 됩니다. 누구의 말을 들어야 할 것인가를 분명하고 확실하게 가르쳐야 합니다.

🌿 신학생 여러분!

초심을 잃지 않아야 합니다. 이를 초지일관(初志一貫), 혹은 시종여일(始終如一)이라고 합니다. 반대로 용두사미나 작심삼일이라는 말도 있습니다. 문제는 시대적 상황이 어려움이나 힘든 일이 있으면 포기하거나 좌절하기 쉬운 때라는 것입니다. 사랑의 종교라 하나 인내해야 하고(고전 13:4), 구원의 종교라 하나 견뎌야(마 24:13; 눅 21:19) 합니다. 잡혀가시는 현장에서도 "**이것까지 참으라**"(눅 22:51)고 하신 우리 주님의 말씀을 기억하시기 바랍니다.

🌿 목회자들에게!

목회자들에게도 **마지막까지 지켜야 할 덕목**이 있습니다. 시류에 흔들리지 않아야 합니다. 세상 것을 탐하는 일이 없어야 합니다. 우리 선배들은 '지조'라고 불렀습니다. 순한 양으로 보이던 성도들도 상황이 변하면 자신들의 기준으로 목회자를 판단합니다. 그 순간에도 목회자는 아버지 하나님께서 맡겨 주신 사명으로 알고 어머니의 마음으로 돌보아야 한다는 것을 잊지 않아야 합니다.

오직 기도함으로 끝까지 이기게 하소서!

🌿 시류를 분별하는 저희들이 되게 하소서!

1. 어두운 캄캄한 세상이기에 우리의 영안을 밝혀주시고
   나라와 민족, 코로나 정국을 위하여 기도하게 하소서!.

2. 망령된 신화와 거짓된 뉴스가 판을 치고 있습니다.
   분별하는 지혜를 주시고 바른 교훈을 따르게 하소서!

3. 교회와 점점 멀어져가는 현실들이 안타깝습니다.
   저희들부터 다시 교회중심의 신앙생활로 회복되게 하소서!

🌿 감사하는 마음으로 전도하는 저희들이 되게 하소서!

1. 어려운 중에도 감사의 절기를 맞게 하시니 고맙습니다.
   감사의 소리가 우리의 입술에서 그치지 않게 하소서!

2. 시대와 환경을 탓하지 않고 전도하게 하시고
   주님의 지상명령이요, 바울의 부탁임을 잊지 않게 하소서!

3. 마지막 그날까지 우리가 해야 할 일이 복음 전도이기에
   이 해에 작정한 이웃을 반드시 주께로 인도하게 하소서!

🌿 기도와 말씀에 사로잡혀 승리하게 하소서!

1. 특별새벽기도회와 부흥회를 기도로 준비하게 하시고
   풍성한 은혜로 인하여 놀라운 역사를 체험하게 하소서!

2. 언제나 기도와 주신 말씀에 사로잡히게 하셔서
   주님의 이름으로 모든 질병과 고통을 물리치게 하소서!

3. 당면한 문제들도 기도와 말씀으로 해결되게 하시되
   다음 세대의 자녀들과 수능 수험생들과 함께 하여 주소서!

30

예비 된 면류관

전제와 같이 내가 벌써 부어지고 나의 떠날 시각이 가까웠도다 나는 선한
싸움을 싸우고 나의 달려갈 길을 마치고 믿음을 지켰으니 이제 후로는 나
를 위하여 의의 면류관이 예비되었으므로 주 곧 의로우신 재판장이 그날
에 내게 주실 것이며 내게만 아니라 주의 나타나심을 사모하는 모든 자에
게도니라

딤후 4:6–8

1.
나의 떠날 기약이 가까웠도다.

시대적인 상황도 우주적인 종말이 가까웠지만
바울은 지금 개인적인 종말의 준비가 되었다고 한다.
물론 바울이 강조한 종말은 개인적 종말 이전에
반드시 육신적 종말이 와야 한다고 가르친다.

바울은 갈라디아서 2장 20절에서
그리스도와 함께 십자가에 못 박혔다는 사실과
"그런즉 이제는 내가 사는 것이 아니요 오직
내 안에 그리스도께서 사시는 것이라" 고백하였다.

이와 같은 고백을 하는 자, 곧 믿음 안에 사는 자는
육에 속한 자(고전 2:14)가 아니고 신령한 자이기 때문에
'육신에 속한 자'의 자리에 머물지 않으며(고전 3:1)
다가올 심판이나 개인적인 죽음도 두려워하지 않는다.

2.

전제와 같이 벌써 부어지고

이전 번역에는 관제(灌祭)라는 말을 썼다.
그러나 지금은 전제(奠祭)라는 표현을 썼는데
관제란 제물 위에 물(술)을 붓는 제사 형식이지만
어떤 표현이든 순교적 삶을 상징하는 것으로 보인다.

이미 떠날 시각이 가까워진 것도 사실이지만
스스로 순교의 시간이 다가왔음을 감지하였다.
그리고 이미 출발 준비가 되었다는 사실과 함께
나는 그 나라를 향하여 나아갈 것이라는 고백이다.

바울은 AD 67년경 로마에서 순교하였다.
로마의 시민권자라 십자가형은 아니지만
황제 네로의 명에 의하여 목이 잘렸으며
당시의 나이를 50대 중반으로 추정한다.

그래서 지난 과에서 살펴 본 바대로
모든 일에 신중하며 고난을 받으며
전도자로서 네 직무를 다하라는 명령이
바로 바울의 지상명령이며 유언인 것이다.

3.
달려 온 길을 회고하면서

살아 온 길을 뒤돌아보는 노사도(老使徒)는
지금까지의 사역이 전쟁이었음을 회고한다.
복음을 위한 사역인지라 선한 싸움이라 고백하며
싸움을 마쳤다는 말은 이제 마지막이라는 뜻이다.

고난과 핍박과 환난 중에도
끝까지 주님의 복음만을 증거 한 바울의 생애는
말 그대로 생명을 걸고 다투어야 했던
처절한 전쟁과도 같은 삶이었다.

결국 외치는 바울의 노래는 승리의 개가다.
나의 달려 갈 길을 마쳤다는 말은
마라톤 선수의 완주와도 같은 것이다.
주어진 사명에 전력을 다한 경주였다.

"내가 내 몸을 쳐 복종하게 함은
내가 남에게 전파한 후에 자신이 도리어
버림을 당할까 두려워함이로다"(고전 9:27)라는 기우와 달리
그는 끝까지 믿음을 지켰다.

4.
이제 후로는…

확신에 찬 바울의 고백이다.
의의 면류관이 예비되었으므로…
조금도 의심의 여지가 없다.
"주 곧 의로우신 재판장이 그날에 내게 주실 것이며"

떳떳하다.
당당하다.
자신에 넘치는 확신이다.
그만큼 그는 분명하게 믿고 헌신하였다.

그러나 바울은 자신만을 강조하지 않는다.
모든 믿음의 사람들을 격려한다.
의로우신 재판장이 그날에
"주의 나타나심을 사모하는 모든 자에게도니라."

그날, 만군의 여호와께서 친히 면류관이 되신다.
남은 백성들에게 친히 아름다운 화관이 되신다(사 28:5).
또한 우리들이 여호와의 손의 왕관이 되신다(사 62:3).
바울처럼 주를 사모하는 모든 자에게 주시는 언약이다.

더 깊이 말씀을 묵상합니다.

🌿 성도 여러분!

면류관은 소중합니다. 영광스러운 것입니다. **개털 모자 이야기**를 많이 들었습니다. 천국에서 홀로 면류관이 없어서 부끄러워하니까 목사님에게 보신탕 대접한 것이 기특하여 개털 모자를 씌워 주었다고 하지만 천국에서의 면류관을 세상의 물질적인 면류관으로 오해하는 일이 없기를 바랍니다. 기억하실 것은 끝까지 '남은 자'에게 주실 화관으로, 여호와께서 직접 면류관이 되어 주신다(사 28:5)는 것입니다. 하나님께서 쓰신 면류관도 바로 우리들(사 62:3)이라 하십니다.

🌿 신학생 여러분!

면류관은 언제나 승리자의 것입니다. 면류관은 이겨야 얻습니다. 이기기 위해서는 많은 연습이 필요합니다. 훈련 받지 않은 병사가 전쟁에서 이길 수 없습니다. **영적인 전쟁**의 대적은 사단입니다. 우리는 저들을 볼 수 없지만 저들은 우리를 지켜보며 호시탐탐 기회를 노립니다. 아무리 승리가 보장되고 있다고 하더라도 악한 세력들을 가벼이 여기는 일은 없어야 합니다.

🌿 목회자들에게!

학자들은 예수님의 유언을 대 명령(Great Commission)이라 하였으나 우리 선배들은 더 이상 이를 데가 없다하여 지상명령(至上命令)으로 번역했습니다. 예수님의 유언도 중요하지만 바울의 마지막 편지인 디모데후서도 중요합니다. 다윗도 죽을 날이 임박하자 아들 솔로몬에게 유언(왕상 2:1-3)을 남깁니다. 목회자에게는 **목회의 마무리**가 유언만큼이나 중요함을 잊지 않아야 합니다.

열매를 바라봅니다. 승리하게 하소서!

🌿 마지막이 중요합니다. 알찬 열매를 맺게 하소서!

1. 연말입니다. 시간의 흐름만 탓하지 않게 하시고
   끝까지 주어진 사명을 다하는 저희들이 되게 하소서!
2. 연로하신 성도님들의 건강을 지켜 주시고
   믿음과 삶에 변함이 없는 새 힘을 허락하여 주옵소서!
3. 조상들이 신앙을 계승하는 후손들이 되어
   믿음의 계대가 이어지는 자랑스런 가문들이 되게 하소서!

🌿 고난을 이기게 하소서! 승리가 눈앞에 보입니다.

1. 오랜 기간 팬데믹으로 지쳐 있습니다.
   성령께서 함께 하심으로 끝까지 승리하게 하소서!
2. 질병이나 건강문제로 힘들어하는 성도들이 있습니다.
   우리 주 예수 그리스도의 이름으로 치유하여 주소서!
3. 학습 결손으로 인한 학생들의 어려움이 너무나 큽니다.
   수능생들을 도우시고 어린 학생들을 지켜 주소서!

🌿 능력 주실 기회입니다. 크신 복을 기대합니다.

1. 계속되는 예배와 모임이 더욱 은혜롭게 하시고
   언제나 모든 교회 행사가 은혜 받는 기회가 되게 하소서!
2. 영적인 결실이 풍성한 삶이 되게 하시고
   풍성한 영적 수확과 성령의 열매가 풍성하게 하소서!
3. 노회와 총회를 비롯한 여러 교회 기관들을 통한 모든 일이
   순적하고 순조롭게 하심으로 주의 영광이 나타나게 하소서!

31

인간관계도 중요합니다

너는 어서 속히 내게로 오라 데마는 이 세상을 사랑하여 나를 버리고 데
살로니가로 갔고 그레스게는 갈라디아로, 디도는 달마디아도 갔고 누가만
나와 함께 있느니라 네가 올 때에 마가를 데리고 오라 그가 나의 일에 유
익하니라 두기고는 에베소로 보내었노라 네가 올 때에 내가 드로아 가보
의 집에 둔 겉옷을 가지고 오고 또 책은 특별히 가죽 종이에 쓴 것을 가져
오라 구리 세공업자 알렉산더가 내게 해를 많이 입혔으매 주께서 그 행한
대로 그에게 갚으시리니 너도 그를 주의하라 그가 우리 말을 심히 대적하
였느니라 내가 처음 변명할 때에 나와 함께 한 자가 하나도 없고 다 나를
버렸으나 그들에게 허물을 돌리지 않기를 원하노라 주께서 내 곁에 서서
나에게 힘을 주심은 나로 말미암아 선포된 말씀이 온전히 전파되어 모든
이방인이 듣게 하려 하심이니 내가 사자의 입에서 건짐을 받았느니라 주
께서 나를 모든 악한 일에서 건져내시고 또 그의 천국에 들어가도록 구원
하시리니 그에게 영광이 세세무궁토록 있을지어다 아멘

딤후 4:9-18

223

1.
너는 어서 속히 내게로 오라.

어서 오라!
속히 내게로 오라!
긴급히 오라는 뜻이다.
겨울이 오기 전에 오라는 말이다.

친근하기도 하지만
그날이 가까이 왔기 때문에
더구나 개인적으로 할 말이 있어서
겨울이 다가오고(21절 참고) 있었기 때문이기도 하다.

사람에게는 인간관계가 중요하다.
사사로운 부탁까지도 할 사람이 있어야 한다.
단순한 업무 관계가 아니다.
개인적으로 허물이 없는 그런 관계를 말한다.

2.
다양하게 얽힌 것이 인간관계다.

데마는 세상을 사랑하여 데살로니가로 가 버렸다.
조력자였던 그가(몬 24절) 곤경에 빠진 바울을 버리고…
그레스게는 갈라디아로 갔으나
담력 있는 디도는 임무 수행 차 달마디아로 간 것 같다.

누가만 나와 함께 남았다고 하며
한때 인정받지 못한 마가를 데리고 오라고 부탁한다.
심지어 그가 나에게 유익하다고 한다.
사람도 변하고 인간관계도 바뀐다는 것이다.

무익하다고 하던 마가가
베드로를 따라다니며 통역하더니
마가복음을 기록하게 되었고
바울에게 인정받는 사람이 되었다.

임의로 떠난 자와 달리 보냄을 받고 떠난 자도 있다.
물론 부름을 받았다면 보냄도 받아야 한다.
두기고는 에베소교회 디모데에게 서신을 전달하기 위해
그리고 디도에게도 이 일(딛 3:12)로 보냄을 받는다.

3.
사사로운 부탁도 드릴 정도의 관계

"네가 올 때에 나의 겉옷을 가져오라."
드로아 가보의 집에 둔 옷이라고 한다.
책도 가져오라고 부탁한다.
특별히 가죽 종이에 쓴 책을 말한다.

부탁은 아무에게나 하는 것이 아니다.
물론 필요한 것이니까 부탁하고
가져 온 것이라고 하지만
디모데와 바울의 관계를 보여 준다.

더구나 사람에 대하여 함부로 평가하는 것은
매우 조심스럽기도 하지만 위험한 일이다.
그러나 혹시 디모데에게까지 영향을 미칠까 하여
바울은 버리고 간 인물들을 낱낱이 거명한다.

구리 세공업자 알렉산더는 해를 많이 입힌 인물이다.
그는 심히 우리의 일을 대적하였으니
자기의 버릇을 고치기가 힘든 것이 사람인지라
너는 그를 주의하여야 한다고 권면한다.

4.
그러나 허물은 모두 내 탓이라 여기며

원망하지 않아야 한다.
허물을 타인에게 돌리지 않아야 한다.
나와 함께 한 자가 하나도 없고 그들이 나를 버렸으나
그들에게 허물을 돌리지 말라는 부탁이다.

이유는 분명하다.
그럴수록 주님은 내 곁에 서 계시고
나에게 힘을 더하여 주시며
선포된 말씀이 더욱 온전하게 전파된다.

모든 이방인이 복음을 듣게 되고
내 자신도 사자의 입에서 건짐을 받은 것은
주님의 크신 은혜요
온전히 함께 하셨기 때문이다.

그러므로 오직 주님께
세세무궁토록 영광을 돌려 드려야 한다.
주께서 모든 악한 일에서 건져 내시고
천국에 들어가도록 구원을 베풀어 주셨기 때문이다.

더 깊이 말씀을 묵상합니다.

성도 여러분!

사사로운 일이라고 하여 가벼이 여기는 일이 없어야 합니다. 무심코 지나다가 어려운 사람을 도와줌으로 큰 복을 받았다는 이야기를 많이 듣습니다. 사물을 대할 때도 마찬가지입니다. **작은 일도 정성을 다하는 자세가 중요합니다.** 아무리 큰 건물도 작은 벽돌 하나하나가 쌓여 이루어지는 것과 마찬가지입니다. 주어진 한 시간 한 시간이 소중함을 아는 사람이 성공할 수 있다는 당연한 진리를 잊지 않았으면 좋겠습니다.

신학생 여러분!

'내로남불'이라는 말이 좋은 말은 아닙니다. 그러나 한 번쯤은 우리 스스로를 돌아보게 하는 말입니다. 지은 죄가 있더라도 솔직히 고백하고 돌이켜야 합니다. **하나님께서도 싫어하시는 것이** 있습니다. 핑계하거나 변명하거나 남의 탓으로 돌리는 것입니다. 여자가 유혹하였기 때문에 (아담), 뱀이 유혹하니까(하와), 당신이 늦게 왔기 때문에(사울 왕)! 그렇다면 자기 잘못은 없다는 이야기일까요? 지도자는 타인의 허물까지 내 탓으로 알고 그를 위하여 기도할 수 있어야 합니다.

목회자들에게!

은혜는 바위에 새기고 원망은 바람에 날려버리라고 했습니다. 따지고 보면 목회도 인간관계입니다. 물론 교회 안에 힘들게 하는 이들도 있지만 그들도 하나님의 백성들입니다. 지혜로운 이스라엘의 목자들은 **양떼들 속에 염소를** 섞어 키웁니다. 그늘이 없는 광야에서 식곤증으로 조는 버릇이 있는 양들의 낮잠을 방해하는 가축이 염소입니다. 그래서 양들은 일사병으로부터 보호를 받습니다. 깨어 있게 하고, 기도하게 하며, 잠들지 않게 하는 염소와 같은 이들도 목회의 조력자들임을 잊지 맙시다.

서로를 존중하고 사랑하는 성도들이 되게 하소서

좋은 교우관계를 위하여 기도합니다.

1. 온 교회 성도들끼리 더욱 친근하게 하시고
   서로의 사정을 알고 돕는 기도로 하나 되게 하소서!
2. 본래는 우리 모두는 무익한 사람들이었습니다.
   나날이 변화함으로 서로 유익한 관계가 되게 하소서!
3. 은혜 받고 능력 받아 새 힘을 얻게 하시되
   구역과 남녀 선교회가 친근한 교제로 성장하게 하소서!

악한 세력이 틈타지 않도록 기도합니다.

1. 교우들 간에 상처를 주고받지 않도록
   말과 행동을 주의하며, 격려하는 관계가 되게 하소서!
2. 원망하거나 남을 탓하는 일이 없게 하시고
   어떤 허물도 내 탓으로 여기는 거룩한 마음을 주소서!
3. 좋은 인간관계 형성을 위하여 늘 깨어 기도하되
   가까이 계신 주님께 의지하는 성도들이 되게 하소서!

허물없는 사이일수록 더욱 뜨겁게 기도합니다.

1. 사랑하는 이들의 건강을 위하여 기도합니다.
   모든 질병이 사라지게 하시고 더욱 강건하게 하소서!
2. 사랑하는 이들의 가정을 위하여 기도합니다.
   우환질고 없게 하시고 기쁨이 가득한 가족들이 되게 하소서!
3. 사랑하는 이들의 앞날을 위하여 기도합니다.
   구원받은 백성으로 세세무궁토록 주께 영광 돌리게 하소서!

32

바울의 인사성

브리스가와 아굴라와 및 오네시보로의 집에 문안하라 에라스도는 고린도
에 머물러 있고 드로비모는 병들어서 밀레도에 두었노니 너는 겨울 전에
어서 오라 으불로와 부데와 리노와 글라우디아와 모든 형제가 다 네게 문
안하느니라 나는 주께서 네 심령에 함께 계시기를 바라노니 은혜가 너희
와 함께 있을지어다

딤후 4:19–22

1.
예절은 인사다.

인사를 잘해야 한다.
예절 바른 사람이 되라는 말이다.
예절은 인사에서 시작한다.
인사로 그의 사람됨(예의범절)을 판단하기 때문이다.

인사(人事)는 '사람의 일'이다.
안녕하세요!
복 받으세요!
감사합니다, 고맙습니다, 미안합니다.

바울의 편지는 축복의 인사로 시작한다.
마지막도 언제나 마찬가지다.
그것도 항상 "그리스도 안에서!"
믿음의 아들인 디모데에게도 예외가 아니다.

2.
서로가 축복하는 사람이 되어야 한다.

우리에게는 축복권이 있다.
부모가 자녀에게
할아버지 할머니가 손주들에게
축복하는 자에게 복을 주신다.

이웃에게도, 성도들에게도
축복하는 사람이 되어야 한다.
주님의 은혜와 평강을 위하여 기도하면
그 복이 축복하는 자에게 임한다.

성도들에게는 저주권이 없다고 보아야 한다.
자칫하면 그 저주가 자신에게 돌아오기 때문이다.
"너를 축복하는 자에게는 내가 복을 내리고
 너를 저주하는 자에게는 내가 저주하리니"(창 12:3)

축복하는 자에게는 복을 내리시지만
도리어 저주하는 자에게 저주를 내리시겠다고 하셨다.
성경 말씀을 바로 알고 그 의미를 바로 깨달아야 한다.
바울의 모든 편지의 시작을 반드시 확인해 보자.

3.
문안의 인사도 빠뜨리지 않아야 한다.

인사는 당사자에게도 중요하지만
가족의 안부가 참 중요하다.
부모님의 안부와 자녀의 안부를 물을 때
그 신뢰감의 정도가 얼마나 깊은지 모른다.

"브리스가와 아굴라와 및
오네시보로의 집에 문안하라."(딤후 4:19)
안부를 전해달라고 하면서 나도 안부를 전하거니와
에라스도와 드로비모의 안부를 전하노라(딤후 4:20).

에라스도는 디모데와 동역한 바가 있고(행 19:22)
드로비모는 역시 신실한 동역자다(행 20:4, 21:29).
그리고 "겨울 전에 어서 오라"고 하면서도
자상하게 함께 있는 자들의 안부를 전한다.

코로나 위기로 대면이 힘든 때이기에
더욱 바울의 문안을 통하여 배운다.
전화나 편지 한 통이 주는 의미를 생각하게 한다.
손에 든 핸드폰의 역할을 십분(100%) 활용하자.

4.
예수 그리스도의 은혜와 평강이 함께 하시기를…

디모데전·후서는 믿음의 아들에게
후배 목회자요, 제자에게 보낸 서신이다.
목회적인 교훈도 중요하지만
다정다감한 인간관계의 소중함을 깨우쳐 준다.

모든 바울의 편지가 다 그렇지만
축복기도의 중요성을 다시 한번 확인한다.
번역이 '축도'지만 이것은 '축복기도'와 또 다르다.
'강복의 선언'으로 번역하였다면 더 좋을 뻔했다.

축도는 목사의 기도가 아니기 때문에
"축원하나이다"보다 "있을지어다"가 옳다.
이 축원은 목사가 대신 할 뿐이지
삼위일체의 하나님께서 복을 선언하시는 것이다.

예배자들은 축도까지 참여해야 한다.
어쩌면 이 강복을 위하여 예배에 참여한 것이다.
"주 예수 그리스도의 은혜와 하나님의 사랑과
성령의 교통하심이 너희 무리와 함께 있을지어다."(고후 13:13)

더 깊이 말씀을 묵상합니다.

성도 여러분!

예절 바른 사람을 싫어하는 사람은 없습니다. 인사성으로 그 사람의 성품을 평가합니다. **인사(人事)는 사람(人)의 일(事)**입니다. "웃는 얼굴에 침 뱉으랴?" 우리 조상들은 참으로 지혜로웠습니다. 잘못이 있어도 웃으며 대한다면 어찌 받아들이지 않을 수 있겠느냐는 뜻입니다. 아무리 친한 사람들의 모임이라도 잘난 척, 아는 척, 가진 척하면 더 이상 가기가 싫습니다. 겸손과 예의는 그 사람의 인격을 한층 높여줍니다. 허리를 굽이고 고개를 숙이는 만큼 그의 인품은 더욱 올라감을 기억합시다.

신학생 여러분!

교육전도사를 성도들 앞에 세워서 소개한 적이 있습니다. 얼마나 정중하던지! 관중석을 향하여, 성도들에게, 그리고 장로석을 향하여, 인사한 후에 이번에는 뒤로 돌아 강단을 향하여 인사를 하는데 얼마나 진지 하던지! 예절은 **세상의 복을 여는 열쇠**입니다. 20여 년이 지난 지금, 그분은 그 교회에서 모든 성도로부터 존경받는 담임목사로 시무 중입니다.

목회자들에게!

그리스도인이라면 누구든 축복권이 있습니다. 엄격한 의미에서 하나님은 축복을 하시는 분이 아니라 복을 주시는 분이십니다. 목사의 축복은 매우 중요합니다. 주님이 저주를 받을 우리들을 위하여 십자가를 지신 것처럼, 목사들도 저주를 받을 만한 성도가 있다고 해도, "저 사람이 받을 저주는 제가 받겠사오니 저분에게는 복을 주시옵소서!" 하고 기도해야 합니다. 목사는 축복이 사명입니다. **목사에게는 저주권이 없습니다.**

주님의 나라를 바라보며 기도합니다.

서로를 위한 축복권으로 이웃을 축복하자.

1. 주님의 은혜와 평강을 위하여 기도하게 하시고
   그 응답으로 믿음의 사람들이 큰 은총을 누리게 하소서!
2. 병든 자들과 어려운 문제로 힘들어하는 자들에게
   치유하여 주시고 회복의 역사를 체험하게 하여 주시옵소서!
3. 하나님께 감사하고 성도들을 위하여 축복하므로
   성도로서의 권위와 능력이 삶을 통하여 드러나게 하소서!

우리의 축복권으로 나라를 위해 축복하자.

1. 정치, 경제, 사회, 문화, 교육 모든 분야의 지도자들이
   하나님을 두려워하여 말씀 앞에 부복하게 하여 주옵소서!
2. 이 나라의 모든 분야의 질서가 회복됨으로 말미암아
   정의와 평강이 넘치는 하나님 나라 되게 하옵소서!
3. 남과 북이 하나가 되고 복음으로 통일된 나라가 되어
   열방을 향해 복음을 전하는 선교의 종주국이 되게 하소서!

우리의 축복권으로 교회와 세상을 위해 축복하자.

1. 지진이나 재해를 통하여 모든 인류의 죄를 깨닫고
   엎드려 회개함으로 속히 모든 환난이 물러가게 하소서!
2. 모든 교회들이 다시 일어나 주님의 권능을 선포하며
   세상의 빛과 소금으로서 새 역사를 이루어 가게 하소서!
3. 다시 오실 주님을 기다리며 기도로 준비하게 하시고
   주님의 영광이 임하시는 그날이 속히 오게 하소서!

성도들에게

후보생들에게

목회자들에게